誰も未来のことなど予測できません。
それでも75歳までは生きてこられたのです。
十分ラッキーな人生ではありませんか。
これからは好きなことだけをして、
日々、楽しく生きましょう。

はじめに——75歳から「これ」をやめたら「老い」は遅らせられる

いよいよ「団塊の世代」といわれる１９４７年から１９４９年生まれの人たちが75歳に突入し始めました。

現在の日本では、75歳以上は「後期高齢者」に分類されます。自分では特に変化を感じなくても、勝手に違うステージに上げられてしまったように感じ、とまどっている人が多いかもしれません。

私は１９９７年に『75歳現役社会論』（ＮＨＫ出版）という本を出版しました。この本を通じて私は、「**75歳までの人は年寄りではない。**彼らに社会参加してもらうことで、高齢社会の問題の多くが解決しうる」という提言を行いました（当時はまだ超高齢社会ではありませんでした）。

75歳現役社会論を唱《とな》えた根拠の一つは、当時すでにアメリカで元気な70代が活躍していることを知ったからです。

１９７４年、アメリカの老年学の権威であるシカゴ大学の故ベルニース・ニユーガートンは、75歳までのお年寄りを「ヤング・オールド」、75歳を超えたお年寄りを「オールド・オールド」と呼ぶことを提唱しました。

彼女は医者ではなく老年学の学者でしたが、さまざまな統計や経験をもとに、病気などで介護が必要となる区切りを75歳としました。そして、75歳までのヤング・オールドには特別なケアはあまりいらないと主張したのです。


これは、当時、浴風会という高齢者専門の総合病院に勤務し、高齢者医療に携わっていた私の実感とも一致していました。日本では高齢者の栄養状態が時代とともに向上し、彼女が指摘したようなヤング・オールドと呼ぶべき高齢者が登場しつつあったのです。

日本で従来の老人保健制度に代わり、後期高齢者医療制度が開始されたのは、２００８年４月。それに先だって、高齢者医療制度を75歳以上の後期高齢者と65歳から74歳までの前期高齢者それぞれの特性に応じた制度とする基本方針が閣議決定されたのは２００３年3月のことです。

私は、当時の気の利いた官僚の誰かが『75歳現役社会論』を読んでくれていて、前期高齢者・後期高齢者という区分を設定したのではないかと考えています。

ニューガートンが75歳以上をオールド・オールドと呼んだ１９７４年当時と現在の75歳とを比較すると、医療も進化していますし、明らかに現在の高齢者のほうが若いと断言できます。

だから、現在はもしかすると80歳くらいまではヤング・オールドとして元気に生きられる時代なのかもしれません。

ただ、私がかかわっている精神医学の見地からいうと、75歳まではうつ病になる人のほうが認知症になる人より多いのですが、75歳を境に認知症になる人のほうが多くなってきます。その意味でも75歳は「自分が高齢者になった」という自覚を持つべきタイミングなのではないかと考えています。

本書では、75歳を機に可能な限り老いを遅らせるために「やめたほうがいいこと」を、いくつかのテーマに沿ってお伝えしていきます。

気になった項目はどんどん参考にして、「やめて」いただきたいのですが、私が最も強調したいのは「我慢しないこと」の大切さです。**我慢こそが、人間を不健康に追いやる元凶中の元凶です。**

「世間の目が気になる」「テレビが言っていた」「医者が言っていた」「もう年だししかたがない」……。そんな理由で不本意な物事を受け入れ、我慢に我慢を重ねていたら、老化のスピードは加速する一方です。

せっかく75歳まで生きてきたのですから、元気な80代、90代、そして１００歳を目指しましょう。

そのために、やめるべきことはきっぱり「やめる」のです。

あなたの人生がこの先楽しく充実したものとなることを、高齢者医療に携わる一人として、心から願ってやみません。

和田秀樹

『75歳からやめて幸せになること』 目次

第2章 「我慢すること」をやめる

第3章 「医者の言いなり」をやめる

第4章 「脳を使わない生活」をやめる

第5章 「イライラ・クヨクヨ」をやめる

第6章　「老いるに任せる」をやめる

第7章 ストレスフルな人間関係をやめる

第8章　無理するのをやめる

第1章

今までの「健康法」をやめる

完全な健康体へのこだわりをやめる

75歳になれば、体力や気力もある程度衰《おとろ》えてきます。一方で、昔と比べれば現代の75歳は元気です。

「いつまでも無理はできないけれど、まだまだ元気でいたい」

このように、老いと闘う気持ちと老いを受け入れる気持ちのなかで、揺れ動いている人も多いのではないでしょうか。

残念ながら、人間は老いて死ぬ運命を逃れることはできません。一般的には、まず歩行が困難になり、自分の足で歩くのが難しくなります。

次に、排せつが困難になり、尿が出にくくなるとか便が漏《も》れてしまうなどの症状に直面します。そして、ついには自分の力で食べられなくなります。もちろん、その間に認知症になる可能性も十分にあります。

今、日本人の平均寿命は男性81・47歳、女性87・57歳（厚生労働省・2021

年)。この数字が〝平均寿命〟であることを考えると、男性も85歳くらいまで生きる人が多いと思われます。

健康寿命(健康上の問題により日常生活が制限されることなく生活できる期間)を早々に終え、生活上の制約がある状態で10年も20年も過ごすのは大変です。誰だって、できるだけ人生を元気で楽しみたいと考えるのは当然でしょう。

70代後半は、可能な限り老いを遅らせる努力をするのが基本です。

本書では、その方法についていろいろとお伝えしていきます。

◉「病気を抱えたなりに生きていく」という発想

そして、いよいよ老いに抗うのが難しくなってきたら、素直に受け入れるという発想も必要です。現実には、高齢になれば病気を抱えるのがごく自然の成り行きです。だから、完全な健康体にこだわるのは感心しません。

「一病息災《いちびょうそくさい》」という言葉があります。一つくらい病気を抱えているほうが、むしろ健康に気をつけて長生きできる、という意味です。病気を抱えたら、抱えたなりに生きていくという発想に切り替えましょう。

「予防医学の発想」をやめる

予防医学の発想とは、「健康のために血圧を下げよう」「血糖値を下げよう」といった考えです。

「高血圧や高血糖などを放置していると動脈硬化になる。動脈硬化は心筋梗塞や脳梗塞などの病気を招く」

こういった話は、多くの人にとって医学常識になっています。そのために、薬で血圧や血糖値を下げている人も多いのではないでしょうか。

しかし、**一定の年齢を超えると、血圧や血糖値をコントロールすることには危険が伴う**ようになります。

私が勤務していた浴風会病院では、高齢者のご遺体を年間１００例近く解剖していました。そこでわかったのは、80歳を超えた人は、ほとんど全員動脈硬化になっていたということです。

動脈硬化とは、血管の壁が厚くなり、血液の通り道が狭くなる症状です。すでにそういった状態にある人が低血圧や低血糖になると、血液中の酸素やブドウ糖が十分に脳に行き渡らなくなります。

実際に、薬を飲んで体のだるさを抱えたり、頭がぼうっとしていたりする人もいますし、認知症が進行する恐れもあるのです。

◎一定の年齢を超えると、従来の発想が通用しなくなる

つまり、ある一定の年齢を超えると、血圧や血糖値が高いことよりも、むしろ低いことがリスクとなり得ます。

確かに、１９６０年代頃までは、最高血圧が１５０くらいで血管が破れてしまうことがありました。ところが、現在の高齢者の血管は——動脈瘤がある人がくも膜下出血になることがあるにしても——血圧が２００でも破れなくなっています。食生活の向上に伴い、血管が強くなっているのです。

だからこそ、予防医学的な発想はやめて、動脈硬化になってしまってからの体調管理を考えていく必要があるのです。

健康常識に従うのをやめる

「年を取ったら早寝早起きを心掛ける」「高血圧予防のためにしょっぱい物は控える」など、世の中には定着している健康常識がたくさんあります。

確かに、健康常識には正しいものもあります。常識を守って楽しく暮らせるなら、あえて否定する必要はありません。

しかし、**健康常識を守らないことより、健康常識を守るストレスのほうが悪影響を及ぼす**こともあります。健康になろうと頑張るあまり、ストレスを抱えて健康を害したのでは、笑うに笑えません。

例えば、私は体を動かすために散歩をすすめていますが、どうしても散歩が嫌ならば、無理をしてまでしなくていいのです。散歩をするのは、あくまで歩けなくなるのを防ぐためです。最初から歩くのが嫌いな人にしてみれば、歩けなくても別に大きなダメージはないはずです。

◎健康常識は、余計な我慢を招くだけ

「健康が害されると好きなことができなくなる。好きなことをするために多少は我慢しなければならない」といった理屈が用いられることもありますが、これも間違っています。前項でお話ししたように、高齢者は血圧が高くなるのがある意味正常であり、血圧が高くなっても好きなことはできます。

血圧が高いのを恐れて、しょっぱい物やお酒を我慢する行為は、本当に自分のためになるのでしょうか。

似たようなことはコロナ自粛にもいえます。「コロナになりたくない」という一心で、移動の自由や人と対話をする自由など、基本的人権の制限を当たり前のように受け入れている人がいます。そんな不自由をいつまで許容するつもりなのでしょうか。まして、本当かどうかもわからない命の危険性と引き換えに自由を我慢するなんて、私には理解できません。不完全な医学常識を信じるくらいなら、現実を捉えた統計データを参考にすべきです。

健康常識を鵜呑《うの》みにせず、自分で調べて考える習慣も身に付けましょう。

「コレステロールの控えすぎ」をやめる

読者の多くは「コレステロールはメタボの原因となるネガティブなもの」というイメージを持っていると思います。コレステロール値を上げないために、動物性の脂や乳製品を極力控えているという人もいるはずです。

けれども、「コレステロールは体に悪い」というのは間違った思い込みです。**コレステロールには実は長所があり、高齢者が元気に暮らすために必要な物質なのです。**

そもそもコレステロールは、人間の体を作る脂質の一種であり、細胞膜の原料となります。この脂質が不足すると、細胞の再生がうまくいかなくなり、ますます老化を加速させることになります。

また、コレステロールは脳内でセロトニンを運ぶ役割も果たしています。セロトニンは脳内の神経伝達物質の一つであり、ドーパミン（喜びや快楽などに関わる）やノルアドレナリン（恐怖や驚きなどにかかわる）を制御する働きを持っています。つまり、セロトニンが心のコントロール役を果たすことで、うつ病の予防にもつながっているのです。

◎ コレステロール値が低いと、がんになりやすい？

コレステロールはテストステロンやエストロゲンといった性ホルモンの材料にもなります。テストステロンは元気ホルモンであり、エストロゲンは骨粗しょう症やアルツハイマーを予防する効果がわかっています。

さらに、脳もコレステロールを大量に必要とします。脳内にはある種の電流が流れていて、漏電を防ぐために絶縁体を必要とします。その絶縁体の役割を担っているのが、神経細胞を取り囲む脂質です。つまり、**高齢者がコレステロールを控えすぎると、脳の働きに悪影響を及ぼす**のです。

なお、コレステロール値が低いと、免疫細胞の材料が不足し、がんになりやすいというデータも報告されています。コレステロールの控えすぎには、くれぐれも注意してください。

粗食生活をやめる

「年を取ったら、あっさりしたものしか食べられない」
「健康のために、日本の伝統的な食生活を見直すべき」

こういった理由で、高齢になると粗食志向が高まり、肉などの動物性たんぱく質を「不健康である」として敬遠しがちです。しかし、**粗食を続けると老化は確実に加速します。栄養不足につながるからです。**

戦前の日本の平均寿命は40代でしたが、戦後は時代とともに寿命が延びていき、今や世界一の長寿国となりました。

伝統的な日本食だけを食べていた時代、日本はけっして長寿国だったわけではありません。寿命が延びたのは、戦後、欧米食の文化が輸入され、肉や卵、乳製品などの動物性タンパク質を日常的に摂取するようになって以降です。

伝統的な日本食のメリットに加えて、栄養状態が大きく改善することで、日本は長寿国の仲間入りをしたのです。

◎食べたいものを我慢してはいけない

「国民健康・栄養調査」（令和元年・厚生労働省）によると、65歳以上の男性12・4％、女性20・7％が「低栄養傾向の者（BMI≦20kg/㎡）」とされています。

高齢になると、臓器や口腔の機能が衰《おとろ》え、自然と食が細くなっていきます。その上、粗食を実践していたら低栄養状態になるのは当然といえます。

厚労省が指針としている「健康日本21（第二次）」では、低栄養傾向にある高齢者を減らすことを重視しています。低栄養傾向にある人は、要介護や死亡リスクが統計学的に高くなることがわかっているからです。

そもそも好きなものを我慢して粗食を続けていると、ストレスが溜まり、毎日がつまらなくなります。

だから、粗食を避けて肉、魚、野菜もバランスよく食べましょう。ときには食べたいものを食べることが大切です。

「コンビニ弁当嫌い」をやめる

粗食とともに注意したいのが「偏食」です。

テレビなどでは、特定の食材を「健康や美容にいい」と紹介することがあります。そういった情報に影響され、同じ食材ばかり食べ続ける人がいます。

そんな「体にいい」とされる食品でも、摂りすぎれば逆効果となることがあります。「過ぎたるは猶《なお》及《およ》ばざるが如《ごと》し」です。それ以上に、特定の食材ばかり食べるようになると、いろいろな栄養素が足りなくなります。それが体に悪いのです。

そこで意識したいのは、**自炊にこだわりすぎないこと。自炊の場合、4〜5種類の食材しか使わないようなパターンに陥《おちい》りがち**です。特に食が細い人ほど、食材の数は減ってしまいます。年を取れば取るほど、亜鉛やクロム、セレンといった微量元素の不足による害が無視できない問題となってきます。幅広い食品を食べて、足りない微量元素を補う必要があります。

◎足りない栄養素を、サプリで補給しよう

例えば、コンビニの幕の内弁当を食べるというのも一つの手です。コンビニの幕の内弁当には30品目ぐらいの食材が使われています。

「コンビニ弁当＝食品添加物」というイメージが強いせいか、コンビニ弁当には見向きもしない人がいるかもしれません。けれども、万が一発がんリスクがあったとしても1万人に1人くらいのものでしょうし、がんになるのは10年後、20年後の話です。それに対して栄養素不足の影響はすぐにあらわれます。どちらをケアすべきかは一目瞭然《いちもくりょうぜん》です。

コンビニ弁当でも足りない栄養素は、サプリで補えばいいのです。次のようなサプリメントが老化スピードを抑えてくれます。

・ビタミンE（細胞の酸化を抑える）
・ビタミンC（体内の酵素の活性化）
・グリソディン（抗酸化酵素を豊富に含む）

肉を控えるのをやめる

私は「高齢者は肉をもっと食べたほうがいい」と考えており、さまざまな機会を通じて提唱しています。高齢になると消化機能が衰えるので、脂っぽい肉を敬遠する傾向が見られるようになります。「健康のためには肉を控えたほうがいい」と信じている人もいますが、実は肉を控える食生活は逆効果です。

高齢者がタンパク質不足になると、筋肉が衰え、「フレイル」に陥りやすくなります。フレイルは「虚弱」を意味し、健康な状態と要介護状態の中間の、筋肉や脳機能が衰えた状態のことです。

私自身、日々高齢者を診察している中で、お肉好きの人のほうが肌ツヤもよく、若々しく見えるのを実感しています。

有名人を例に挙げると、１０５歳まで現役医師として活躍した日野原重明《ひのはらしげあき》先生は、高齢になっても週に2〜3回のペースでステーキを食べていたことで知られています。80歳にして三度目のエレベスト登頂に成功し、最高齢登頂記録を持つ三《み》浦《うら》雄《ゆう》一郎《いちろう》さんもお肉をよく食べているそうです。三浦さんは、月に一度は１・５キロのステーキを食べるほか、週１～２回は３００グラムの肉を食べていると語っています。

◎日本人はもっと肉を食べてもいい

肉にはコレステロールがたくさん含まれています。23ページでお話したようにコレステロールは性ホルモンの材料にもなりますし、脳内でセロトニンを運ぶ役割を果たしていると考えられています。

心疾患が多いアメリカでは、コレステロールを控えようと言われてきましたが、そのアメリカでもコレステロール値がやや高めの人のほうが長生きするというデータがあります。アメリカ人が一日に食べる肉の量は３００グラム超。一方、日本人は１００グラム程度であり、70代に限れば約80グラムです。一日１００グラムは摂りたいところです。どうしても肉が食べられない場合は、卵や牛乳、ヨーグルトなどで補いましょう。

「タンパク質不足」をやめる

前項でお伝えしたように、日本の高齢者はもっと肉の摂取量を増やすべきですが、毎日肉を食べるのはつらいという人もいると思います。

その場合は、魚や豆腐、納豆などの大豆製品を代わりに食べましょう。サーモンやマグロ、サンマ、サバ、ブリ、イワシなど、脂肪が多めの魚はオメガ3脂肪酸を多く含みます。

オメガ3脂肪酸は、魚油に含まれているDHAやEPA、エゴマなどの植物油に含まれているα-リノレン酸などの必須脂肪酸の総称。細胞膜を柔らかくし、代謝や血行、免疫反応をアップする作用があります。

また、大豆製品には良質なタンパク質が含まれているだけでなく、ミネラルや食物繊維も豊富です。しかも、大豆には女性ホルモンと同じような働きをするイソフラボンも含まれているので、女性は積極的に摂りたいところです。

物価高が叫ばれていますが、納豆や豆腐はスーパーで安価に購入できます。今風にいえば、植物性タンパク質を効率的に摂れる「コスパのよい食品」です。

しかも大豆食品は、脳の働きを活発にすることでも知られ、「ブレインフード」などと呼ばれています。大豆は脳の神経伝達物質の重要な材料であるレシチンを豊富に含んでいるからです。

◎タンパク質から先に摂る

腸内環境を整え、免疫機能を高めるためには、**「タンパク質から先に摂る」**というのもポイントです。

炭水化物や糖分から先に口にすると、血糖値が急激に上昇し、インスリンが大量に出ます。すい臓に負担もかかりますし、血糖値はまた下がるので満腹感が得られません。タンパク質から先に食べると血糖値の上昇が緩やかになり、内臓の負担が軽減されるのです。

最初に肉や魚、大豆製品などを食べ、そのあとにご飯やパンを食べましょう。血糖値が激しく上下するのを防ぎ、細胞の炎症を回避できます。

「ビタミン不足」をやめる

私たちは普段、呼吸を通じて酸素を体内に取り込み、食事を通じて摂った栄養素を燃やしてエネルギーにしています。その過程で、**酸素の一部が「活性酸《かっせいさん》素《そ》」となり、細胞を傷つけ、老化を加速させます。**

人体には酵素によって活性酸素を抑える働きがあるのですが、高齢になると活性酸素は増える一方で、体内で作られる酵素の量は減少します。それを補うために意識的に摂取したいのがビタミンＡ、Ｃ、Ｅなどの抗酸化ビタミンです。ニンジン、ほうれん草、小松菜などの緑黄色野菜に含まれるβカロテンは高い抗酸化力を持つとされています。βカロテンは体内でビタミンＡに変換されて作用します。

ビタミンＣは野菜や果物に含まれており、食品からの吸収率もよいですが、大量に摂取しても余った分が尿から排せつされてしまいます。毎日続けて摂取することが望ましいといえます。

ビタミンEは細胞膜のリン脂質が酸化してできる過酸化脂質の発生を抑える力があります。植物性油脂やナッツ類、カボチャなどに含まれています。

なお、キャベツや白菜にもビタミンA、C、Eは豊富に含まれています。

◎耳の衰えにはビタミンB12を摂取

高齢になると、耳の聞こえが悪くなる症状が出てくることもあります。耳が聞こえにくくなると、人との会話が負担に感じられ、コミュニケーションの機会が減少します。これが脳の老化につながります。**現実に、難聴は、アルツハイマー型認知症のリスクを高める最大の要因とされています。**

難聴の予防や改善につながるのがビタミンB12です。ビタミンB12には傷ついた末梢神経を修復し、正常に維持する働きがあるとされています。レバーや牡蠣《かき》、あさり、シジミ、さば、のりなどに多く含まれており、毎日の食生活に取り入れるのが理想です。水溶性ビタミンなので汁物などに入れる食べ方がおすすめです。いずれのビタミンもサプリメントで補うことができます。

「ラーメンスープを飲まない」をやめる

「ラーメンスープを飲むのは塩分の摂りすぎ。中年になってから、スープは絶対に残すようにしている」

という人は多いかもしれません。75歳が塩分を控えるのは本当に最善の選択なのでしょうか。

人間の腎臓はナトリウム（塩）を貯留し、血液を弱アルカリ性に保つ働きをしています。しかし、高齢になると、腎臓がナトリウムを保つことができず、必要以上に排出してしまうことがあります。

これによって引き起こされるのが「**低ナトリウム血症**」です。血液中のナトリウム濃度が不足した状態であり、吐き気や疲労感、意識障害や痙攣《けいれん》などの原因となります。

私は、高齢者が起こす自動車事故の一定数が、低ナトリウム血症によるもの

だと考えています。

というのも、動体視力や反射神経の衰えのせいで、ブレーキを踏むタイミングが遅れ、飛び出してきた子どもを避けられないというのなら、純粋に老化が原因だと思えます。けれども、報じられている事故の多くは、暴走や逆走が原因です。

普段ノロノロ運転をしているような老人が急に暴走したのは、低ナトリウム血症によって意識障害を起こしていたと考えるほうが自然です。

◎スープには栄養が含まれている

アメリカ・ラッシュ大学の研究チームが発表した論文は、塩分制限のデメリットを明らかにしました。

８３３人の心臓病患者を平均３年間追跡調査した結果、**減塩食療法を受けている患者は、受けていない患者と比較して死亡リスクが69％、入院リスクが68％高くなった**というのです。

昔のラーメンは化学調味料が大量に使われている場合が多く、確かに不健康なものが多かったかもしれません。けれども、現在では無化調で、おいしいラーメンを提供するお店が増えています。スープだけで20種類くらいの食材が入っていますから、むしろ体にいいといってもいいくらいです。

もちろん無理にスープを飲む必要はないですが、飲みたければ飲めばいいのです。

第2章

「我慢することをやめる
」をやめる

家に閉じこもるのをやめる

コロナ禍では、三密（密集・密接・密閉）の回避や、ソーシャルディスタンスの確保といった「新しい生活様式」が実践されるようになりました。すでに3年近くも不自由な生活は続いています。

そんな中で私が気になるのは、長引く自粛生活による悪影響です。

世界を見渡すと、高齢化率の高いスウェーデンは、一貫してロックダウンなどの強硬な自粛政策をとらず、緩やかな対策を行ってきました。経済を停滞させない意図もあったのでしょうが、高齢者を自宅に閉じ込めていたら、かえってデメリットが大きくなることがわかっていたからだと思います。

ところが、日本では高齢者や基礎疾患のある人はコロナウイルスによる重症化リスクが高いことから、「高齢者には自粛生活が望ましい」という認識が共有されてきました。今でもまだ、高齢者には外出を敬遠するムードがあります。

◎ステイホーム、実はリスクが高い

高齢者が家に閉じこもると、運動不足により、下半身の筋力が一気に低下します。**特に75歳以上の高齢者は筋肉量の低下が著しく、転倒や骨折、寝たきりのリスクが非常に高くなります。**

また、高齢者が動かずに生活していると、食欲がなくなり、低栄養状態にも陥りやすくなります。そこから心身ともに病気になる可能性も大です。

さらに、動かずに引きこもる生活は認知症にもつながりかねません。

日本では、コロナの感染リスクを抑えることを第一に考えるあまり、こういったリスクが軽視されています。大人しくテレビの言うことなどに従って家に居続けたら、取り返しのつかないことになります。

だから私は高齢者に対して「**家にずっといるのはよくないですよ。散歩だけでも欠かさずに続けてください**」と繰り返し伝えてきました。

とにかくステイホームの生活を続けるのは禁物です。健康を保つためには定期的に外に出る。この原則を忘れないようにしてください。

免許返納をやめる①

――「高齢者いじめ」報道

「家に閉じこもらない」と関連して、私が声を大にして言いたいのは「高齢になっても免許返納はするな」です。最近はニュースなどでしばしば高齢者による自動車事故が大きく報じられます。そのせいで「高齢者の運転は危ない」「高齢になったら免許を返納すべき」と考える人も増えています。

確かに、２０１９年の「免許人口10万人当たり75歳未満運転者による死亡事故件数」が３・１人なのに対して、75歳以上は６・９人。高齢運転者による死亡事故の件数は2倍近くに上ります。しかし、７年前の11・４人からは年々減少傾向にあります。

また、事故の種類で見てみると、高齢者の死亡事故の37%は車両単独事故であり、人対車両の事故は18%。一方、75歳未満の運転者による人対車両の事故は39%となっています。

つまり、**75歳以上の高齢者が人をはねて死亡させる確率は75歳未満の約半分**です。2倍死亡事故を起こしていて、人をはねる確率が2分の1なのですから、実際は75歳以上も75歳未満も対人死亡事故を起こしている数はほとんど同じになるはずです。にもかかわらず、メディアは高齢ドライバーの事故ばかりを報じ、高齢者を目の敵にしているのです。

◎実は若者の事故のほうが多い

警視庁が発表している「原付以上運転者の年齢層別免許保有者10万人当たり交通事故件数の推移」（２０２１年）によると、16～19歳の１０４３・６件が最も多く、20～24歳の６０５・７件、85歳以上の５２４・４件が続いています。

つまり、交通事故を起こす確率は24歳以下のほうが高いのです。若者が遊びのために高級スポーツカーを猛スピードで乗り回し、歩行者を事故死させても、それほど話題にならない。一方で、高齢者が生活のために自動車を運転するのは責められる。これは、露骨な「高齢者いじめ」ではないでしょうか。

偏った情報を鵜呑みにして、免許を返納するのは大反対です。

免許返納をやめる②
——諸々のリスクとは

公共交通機関が発達している都市圏に住んでいる人はピンとこないかもしれませんが、地方ではクルマがないと日常的な買い物や通院にも支障を来《きた》します。ほとんど外に出ず、家に閉じこもるような生活を続けていると、要介護状態になったり、認知症になったりするリスクも高まります。

筑波大学医学医療系の市川政雄《いちかわまさお》教授らの研究チームが、65歳以上の男女約２８００人を対象に行った研究が、免許返納のリスクを明らかにしています。

この研究では、２００６年～07年時点で要介護認定を受けておらず、運転をしている人に、２０１０年時点で運転を続けているかを確認し、２０１６年まで追跡して分析しました。結果、**２０１０年時点で運転をやめた人は、運転を続けていた人に比べて要介護になるリスクが２・１６倍**になることがわかったのです。また、運転をやめてから公共交通機関などを利用していた人でも、要介護になるリスクが1・69倍になったそうです。

◉「クルマをやめて自転車」は最悪の選択

私が知人から聞いた話では、農業に携わってきた高齢者が認知機能検査にひっかかって認知症（もちろん軽度です）の診断を受けて免許を取り上げられた途端、トラクターも運転できなくなり、うつになってしまったそうです。確かに軽い認知症はあるものの事故を起こしたこともないし、普通に農業ができていた人です（認知症でも軽いうちはなんでもできることは8章で説明します）。

また、都市部では免許を返納して自転車に乗り換える人も多いのですが、しばらくぶりに自転車に乗るのは大変危険です。

クルマを運転する場合、動体視力が落ちている自覚のある高齢者の多くは、ノロノロ運転をします。しかし、自転車でヨロヨロ走るとふらついて危険なので、無理矢理スピードを出そうとします。その結果、人にぶつかってケガをさせたり、転倒したりしかねません。転倒して骨折するとそのまま寝たきりの可能性もあるのです。

「性への無関心」をやめる

高齢になって性欲を持っているなんて恥ずかしい――。大丈夫です。性欲は自然な欲求であり、否定すべきものではありません。

高齢者施設に入所しているお年寄りに好きな人ができると、心身ともにいきいきと若返るというのは、よく聞く話です。

人が恋をすると、性ホルモンの分泌が増えます。いつまでも元気でいるために恋愛は大切です。

実際、私のまわりでも恋愛している人は、いくつになっても元気な様子であり、見た目の若々しさも保っています。恋愛をすると、相手の気持ちを想像してドキドキするなど、感情が揺さぶられる経験もたくさんします。

これが大脳の前方に位置し、意欲のほかに思考、感情、性格、理性などを司《つかさど》る前頭葉を刺激し、意欲の衰えにストップをかけてくれます。

また、**恋愛している間は、セロトニンやオキシトシン、エンドルフィン、ドーパミンなど、ポジティブな感情を促す神経伝達物質が分泌されます。**

こうした神経伝達物質は加齢とともに減少することがわかっていますから、恋愛は老化に歯止めをかける上でとても効果が高いと断言できます。

◎ エッチな人のほうが他人に優しい!?

男女を問わず、エロティックな楽しみを持つことにも意味があります。リアルな恋愛でなくても、**アイドルや俳優などの「推《お》し」を作って応援するだけでも、若返り効果が期待**できます。特に男性の場合は、キャバクラやスナックで遊べば、男性ホルモンを分泌することにつながります。私は風俗店を利用することも否定はしません。

男性ホルモンは、実は公共心のホルモンでもあります。男性ホルモンが増えると、寄付をする金額が増えたり、弱者に優しくなったりするという実験結果も報告されています。ホルモン医学的に見ると、多少エッチな人のほうが頭も冴えているし、健康的だし、人にも優しいのです。

きれいごとをやめる

「新宿・歌舞伎町でわいせつなＤＶＤを販売していた店舗が摘発された」

ときおり、こんなニュースを見聞きすることがあります。警察は違法ＤＶＤ販売店の撲滅を図っていますが、業者とのいたちごっこが続いているようです。

法律がある以上、違法行為が摘発されるのは当然かもしれません。ただ、児童ポルノなどではなく、欧米では合法的に扱われているＤＶＤです。しかも、同じような映像は――違法にアップロードされているとはいえ――ネットで簡単に誰でも見られる時代です。わざわざＤＶＤを買おうとしているのは、ほとんどが高齢者です。

ニュースでは「高齢にもなってわいせつなＤＶＤを買うなんて恥ずかしい」というニュアンスで報じられますが、エロティックな映像を見て元気になろうとする行為は、そこまで否定されることなのでしょうか。

男性ホルモンを増やすべき高齢者が多い国で、それでいいのかと医師として思ってしまいます。

◎日本は性に鷹揚《おうよう》な文化を持っていた

もともと日本には、性に対して鷹揚な文化がありました。江戸時代の浮世絵には、男女が性を謳歌していた様子が描かれています。

一転して、性愛がやましいものになったのは、明治期にキリスト教的な文化が移入されたからです。キリスト教では、夫婦間の子どもをつくるためのセックスだけを認めています。こうした道徳観をもとに、政治家のセックススキャンダルを追い回したりしているわけですが、私からすればナンセンスです。「スキャンダルはあるけれど、仕事ができて弱者にも優しい政治家」と「スキャンダルとは無縁だけど、仕事はしないし弱者にも厳しい政治家」のどちらを選ぶかと問われれば、私は前者を選びます。

ケチケチするのをやめる

ここからはお金について考えていきましょう。

ビジネスの世界では、50代〜60代くらいまでは多くの人が社会的地位を求めてあくせくします。

そこでは、真っ当にスキルや資質を高めたり、まわりから押し上げられる人ばかりではありません。中には他人を蹴落《けお》としたり、裏切ったりする人もいれば、目上の人にぺこぺこして引き上げてもらおうとする人もいます。

結果的に、同じように出世をした人でも、仕事をリタイアしてからは大きな差がつくことになります。具体的には、部下や後輩を可愛がって面倒を見ていた人はいつまでも慕われます。一方、他人を蹴落としたり、上に媚《こ》びて下に威張っていたりした人のところには誰も寄りつかないのです。

私は、病院で見舞客に囲まれている高齢患者と、孤立している患者の圧倒的

な差を目《ま》の当たりにして、人生について考えました。そして、やはり人に優しくして生きようと決意しました。高齢者専門の精神科医になったことで、人生で大切なことに気づけたのは非常に幸運だったと受け止めています。

◎「お金を使う人」のところに人は集まってくる

お金の使い方によっても、人が寄ってくるかどうかは決まります。たくさんお金を持っているから人が寄ってくるわけではなく、お金を使って喜ばせることで人が寄ってくるのです。

私は映画を作っているので、お金持ちのスポンサー候補とお会いする機会がたびたびあります。気前のいいお金持ちとは仲良くしますし、その人が困ったときには医者として助けたいとも思います。しかし、ケチなお金持ちとは深く付き合いたいとは思いません。それが普通の人間の考え方でしょう。

だから、高齢者はまわりを喜ばせるようなお金の使い方を意識しましょう。バラマキや浪費は推奨しませんが、有意義なお金を使っていただければと思います。

節約一辺倒をやめる

脳の前頭葉を鍛えるためには、お金を使う行為が効果的です。逆にいえば、節約一辺倒の生活をしていると前頭葉が衰え、意欲の低下につながります。「お金を使わない」と決めていると、買い物に出かけても高級そうな物には最初から目を向けなくなります。狭い選択肢の中で、いつもと同じような買い物を続けるわけです。これでは前頭葉が刺激されないのも当然です。

一方、「お金を使う」と決めたときには、どこで何を買うか、どの商品が良いかを真剣に考えます。

高価な商品を買うときにはアドレナリンが放出されて、気分も高揚します。これは、前頭葉が刺激されている状態です。

欲しい物を買うために少し遠くまで出かけたり、手に入れるまでワクワクした感情を持ったりする行為も、脳には好影響を与えます。

普段は安い物を買うのはいいのですが、ときには高い買い物をする機会を作ってみるとよいでしょう。何かの記念日などには、いいお店でおいしいものを食べて元気になることも大事です。

◎ できる範囲でお金を使って楽しもう

どうしても贅沢《ぜいたく》できないという人は、いろいろ工夫する余地はあります。

例えば、遠方に旅行をする予算がない場合は、近場でちょっとリッチなホテルに泊まってみるのはいかがでしょうか。実際に使う金額は少なくても、旅行気分が味わえ、前頭葉を刺激できます。

おいしいものを食べたい人は、おいしいB級グルメを探してみるのも面白そうです。私はラーメンが好きなので、おいしいラーメンを探すのを楽しみにしています。ただ空腹を満たすより、おいしいお店を見つけて味わったときのほうが高揚感は大きくなります。ラーメン一杯の値段でも、高級レストランに行ったときと同じくらい満足できるのです。

できる範囲でお金を使って、前頭葉に刺激を与えていきましょう。

子どもに財産を残すのをやめる

子どもの中には、親の財産を当てにしている人だけでなく、当てにしていない人もいます。当てにしている子どもに財産を残した結果、子どもたちの間で財産をめぐっての争いが始まる可能性があります。仮に子どもたちが遺産分割の割合に同意していたとしても、後から子どもたちの配偶者が口出ししてきて「いや、法定相続分はもらいたい」などと主張することもよくあります。そうして親の死後に、きょうだい間がぎくしゃくするわけです。

一方、親の財産を当てにしていない子どもの立場からいえば、相続財産を「エサ」に親の介護などのプレッシャーを掛けられるのはいい迷惑かもしれません。「財産を残してやるから、自分に尽くしてほしい」という親の理屈は甘えもいいところです。

子どもの一人でも積極的に介護をしてくれるのなら、早めに遺言状を書いて

（それでもすべての子どもに一定の金額はいってしまうのですが）理想の相続を実現すべきでしょうし、そうでなければ、お金を残す必要はありません。

◎自宅を担保にお金を借りる方法も

私は無理矢理、子どもに介護を期待するくらいなら、自分が築いた財産を使って住み込みのお手伝いさんを雇ったほうが、よほどましだと思います。仮に1億円の財産があれば、月60万円でお手伝いさんを15年雇うことができます。「とても1億円なんてお金は持っていない」という人でも、自宅を持っている人はリバースモーゲージという仕組みを活用する方法があります。

リバースモーゲージとは、自宅を担保に老後の資金を借りることができる制度。借り入れ後も自宅に住み続けることができ、自分が亡くなった後に不動産を処分し、借入金を返済する仕組みとなっています。

シンプルな話で、つまり**「子どもに家を残さない」と決めれば、使えるお金が増えるのです。**リバースモーゲージにはメリット・デメリットがあるので、詳しくは銀行が開催しているセミナーなどに参加してみるとよいでしょう。

「投資を毛嫌いする」をやめる

お金の使い方に関連して、投資にもふれておきましょう。
欧米と比較して、日本人の金融資産は銀行預金の割合が高い傾向にあります。特に高齢者は投資のリスクを避けがちです。その状況を受けて、岸田内閣の掲げる「新しい資本主義」の実行計画の中でも、「貯蓄から投資へ」のキャッチフレーズが示されています。

私自身はすべての方々に投資を推奨するわけではありません。特に、銀行から資産運用の営業電話を受けて、のこのこ相談に行くような人は投資に手を出さないほうが賢明だと考えています。

金融機関は、投資に疎《うと》く、しかもある程度の預貯金を持っている高齢者を格好のターゲットにしています。決まって、手数料の高い金融商品を売りつけようとします。不利な勧誘をはねつけるためにも、最低限の知識は身に付けておきましょう。投資に関する入門書を2～3冊読めば十分です。その上で、投資をするもしないも個人の自由です。

◎ ルールの範囲内で行うのがコツ

資産運用を考えるのであれば、まずはノーリスクでできることに取り組んでみましょう。例えば、メガバンクに預けている定期預金をネット銀行に預け替える。それだけで利率がいくぶんアップします。ネットバンクや金利の情報はインターネットですぐに調べることができます。

株や投資信託にチャレンジする場合は、ルールを設定しておくのをおすすめします。**私の知人は、目を付けておいた株が大きく下がったときに買い、1割くらい上がったら売る、をコツコツ繰り返しているといいます。**

こうしたルールの範囲で取り組めば、大きな損をすることもなく、ちょっとした小遣い稼ぎになります。

少額であっても自分の力でお金を稼げば前頭葉は刺激されます。増えたお小遣いは健康に投資しても、趣味に使っても老化防止に役立てることができます。

「今さらの禁煙」をやめる

よく知られているように、タバコには健康リスクがあります。発がん性物質が含まれていますし、動脈硬化や肺気腫といった疾患にかかりやすくなります。だから、**健康のために、若い人や中年世代が禁煙することには大きな意味があります。**けれども、75歳になってタバコを吸い続けている人が、今から禁煙してもしなくても、あまり生存率に影響しないと思います。

実際に、浴風会病院に併設する老人ホームのデータでも、**「高齢者は喫煙者であってもなくても生存曲線は変わらない」**ことが示されています。

このデータの考察には「タバコで健康を害した人は早死にするケースが多いので、そもそもこの老人ホームに入居していないからだろう」と書かれていました。それを考えると、75歳までタバコを吸っていても今まで大きな病気をしていなかったのなら、今さら禁煙は不要と考えられるわけです。

◎ タバコを吸って長生きした高齢者も

タバコに含まれるニコチンは、快感物質であるドーパミンの分泌を刺激し、精神の安定やモチベーションアップにつながる作用があります。これによって、うつ病を回避している喫煙者がいるかもしれません。

私の知り合いに80代のヘビースモーカーがいました。その人は、病院で肺がんが見つかり、医者からタバコをやめるように指導されました。医者の言うとおりに禁煙したのですが、病気の不安と禁煙にイライラが重なり、うつ状態になってしまったのです。

ついにその人は「どうせ死ぬなら、タバコを好きなだけ吸って死のう」と開き直りました。**結局その人はタバコを吸い続け、92歳まで長生きしました。**最期は肺がんではなく、くも膜下出血で亡くなったのです。

タバコはがんの発症リスクを高めるものの、タバコを吸い続けたらがんが進行するかどうかはわかっていません。うつ病になるくらいなら、「今さらの禁煙」はしなくてよいのです。

ギャンブルをやめる

75歳になったら我慢するのをやめてやりたいことをやる。これが原則ですが、ギャンブルに関しては、かかわらないのが賢明です。

なぜなら**高齢者はギャンブル依存症になる可能性が高く、生活が破たんする恐れがあるからです。**意外性が脳の老化防止につながるというメリット以上に、デメリットが大きいのです。

私が知っている範囲でも、**パチンコ依存症の人が年金の支給日に全額をパチンコにつぎ込んでしまった**事例があります。その後1か月間、食べるのもままならない生活を送ることになり、ショックを受けた配偶者はうつ病になってしまいました。

そもそも日本では依存性の高いものに簡単に手を出せる環境が整っています。パチンコ店などは、ほとんどどの街にもありますし、大人は誰でも遊ぶことができます。

昔の政治家は、ギャンブル依存症に多少なりとも危機感を持ち、規制を厳しくする傾向がありました。時代とともに規制緩和と新たな規制の導入を繰り返しながら今日があるわけですが、現在では「依存症になるのは意志が弱い人間」という認識が強いように思います。

実際にテレビのワイドショーなどでは、コメンテーターが覚せい剤などの依存症に陥った人について「意志が弱く、人間として問題がある」というニュアンスで発言をしがちです。

◎ 依存症は立派な病気である

依存症は治療が必要な病気です。

脳科学の立場から、ギャンブルをすると人の脳内にはドーパミンが大量放出されます。ドーパミンは快楽物質と呼ばれるものであり、覚せい剤の重要な成分です。それを求めて快楽を得るために、人は何度も同じ行動を繰り返します。

そうして依存症になると、脳はギャンブルの刺激には過敏に反応する一方で、その他の行動には反応が鈍くなります。

よく「依存症になったら、他に楽しみを見つけましょう」などとアドバイスされますが、脳が反応しないのですから、口でいうほど簡単なことではありません。

ギャンブルは避け、お金のかからないゲームに留めておくのが最善でしょう。

第3章

「医者の言いなり」をやめる

健康法に飛びつくのをやめる

医学は常に発展の途上にあり、現在の学説が5年後10年後に覆《くつがえ》ることも往々にしてあります。反対に、今は間違っているとされている説が、実は正しかったと評価される可能性もあります。

例えば、**かつて植物性油から作られるマーガリンは、動物由来のバターよりも健康的であると、もてはやされていた時期がありました。**ところが、ある時期からマーガリンに含まれているトランス脂肪酸が心疾患のリスクを高めるといわれるようになりました。今ではすっかり「マーガリンは不健康な食品」という認識が定着しています。

研究が進んだ結果、健康常識が更新されるのは読者の皆さんも理解できると思います。しかし、日本では大学医学部の教授が絶大な権力を持つせいで、有力教授たちがポジションを退くまでの間、すでに間違いが証明されていることであっても、正しいとされ続けるケースがあります。

がんの乳房温存手術は、そのせいで標準治療になるのが15年も遅れました。

考えるだけでもおぞましいですが、これが現実なのです。

◎医師の声より「自分の体の声」に従う

だからこそ、「自分の体の声」に従うという発想が重要となります。自分の日々の体調をきちんと自覚し、違和感の有無に注意を払うということです。

例えば、食後に胃がもたれたり、気分が悪くなったりした場合は、量を食べ過ぎたか体に合わない食べ物を口にしたと考えられます。あるいは二日酔いをしているときは、飲み過ぎである可能性が大です。こういった体の声を聞き逃さず、無理のない食生活を追求していくことが大切です。

運動法やメンタルヘルスの知識も同じです。**医者が「体に絶対いい」と推奨していることでも、あなたにも当てはまるわけではありません。**とりあえず試してみるのはいいですが、少しでも違和感を感じたらやめて別の方法に切り替えてください。自分にとってベストな健康管理を確立していきましょう。

医者を信じすぎるのをやめる

日本では、患者が医者の言うことを素直に聞き入れ、素直に従う傾向があります。もちろん医者の言葉に納得できればよいと思います。ただし、自分の体の声と相反するものを感じたときには医者を信じすぎないことも大切です。

日本の医療は、基本的に臓器別診療で行われています。臓器別診療では病気をそれぞれの臓器の状態から診断します。この診療方法そのものが悪いわけではないですが、高齢者の診療には適さないことが多いといえます。

例えば、循環器内科の医師は患者に「コレステロール値を下げなさい」と言います。しかし、コレステロール値を下げると免疫機能が低下し、がんや感染症のリスクは高まります。つまり、特定の臓器だけを治療するという発想では、他の面で支障が出るという問題を防げないのです。

臓器別診療が始まった１９７０年当時の日本の高齢化率は、わずか７％程度。

高齢者が少なかった時代には臓器別診療には意味があったのかもしれませんが、そこから50年が経過し、高齢化が問題になっているのに、いまだに医療は臓器別診療のまま。とても超高齢社会に対応できるとは思えません。

◎近所の開業医「その経歴」に注目すべき理由

例えば、あなたの家の近所に内科のクリニックが開業したとしましょう。そのクリニックでは訪問診療も行うことを謳《うた》っています。いかにも面倒見がよさそうで、あなたもかかりつけ医にしたいと思うかもしれません。

しかし、こういうときに注意してほしいのは「医師の経歴」です。経歴を見ると、**開業する直前まで大病院の呼吸器内科や消化器内科の医長だったことがわかったりします。つまり、特定の臓器しか診てこなかった人が、いきなり内科医として訪問診療を行うと言っている**のです。

私には面倒見がいいどころか、信用できない医者としか思えません。本来なら、開業にあたって総合内科医として一定期間のトレーニングをすべきです。

こうした状況を見るにつけ、医師を信じすぎるのは恐ろしいと思います。

嫌な医者との付き合いをやめる

前述したように、**75歳になったら特定の臓器の専門家ではなく、総合診療をしてくれる医師に頼ることが肝心**です。

そのためには、大学病院の専門家よりも、自分の体のことをわかってくれる町のかかりつけ医を探すという発想に切り替えるべきです。

嫌な医者とかかわるのをやめ、いいかかりつけ医を見つけて、付き合っていく。これができるかどうかが、80代以降の人生を大きく左右します。

かかりつけ医を見つけるときのポイントはいくつかあります。一つ目は、薬について納得のいく説明をしてくれることです。

例えば、処方された薬を飲んでだるさを感じ、医者に相談したとしましょう。このとき、いい医者であれば「それは薬が合わなかったということかもしれませんね。ほかの薬に変えてみましょう」「薬を減らして様子を見ましょう」などと提案してくれるはずです。

一方で、患者の話にまともに向き合わない医者もいます。

「でも、あなたの血圧は、薬のおかげで正常値になりましたよ。効果が出ていますから、このまま飲み続けてください」

これは、患者を見ずに数値だけを見ている典型的な反応です。

◎本当に信じられる医者の条件とは？

医者の言うことに疑問を感じたとき、セカンドオピニオン、サードオピニオンで別の医者に診てもらう方法はあります。ただし、医者は基本的に同じ教育を受けていますから、同じようなことを言われる可能性が大です。

複数の専門家から同じことを言われれば、それが正しいと思ってしまうのが普通の感覚でしょう。

本当に信じるべきは、たくさんの患者を診ている医者です。たくさんの患者を診ている医者は、紋切り型の診断ではなく、個人に見合った診療をしてくれることが多いものです。患者に向き合ってくれる医者を探してください。

いらない薬をやめる①
――降圧剤との付き合い方、私の場合

医師とのかかわりとともに、見直したいのが「薬の飲み方」です。

高齢になると日常的に薬を服用する人が増えます。代表的な薬が、血圧を下げる降圧剤や血糖値を下げる薬などです。

降圧剤を服用すると、最初は頭がフラフラします。また、糖尿病の治療薬はアルツハイマー型認知症につながる可能性も指摘されています。薬を飲んで快調になっているのならまだしも、不調でもないのに薬を飲み続ける姿勢は見直す必要があります。

開業医の多くが薬を出しすぎるのは、患者を見ずに医療マニュアルを見て薬を処方しているからです。 例えば、「高齢者」というくくりで65歳・身長１８０センチ・体重90キロの息子と、90歳・身長１４０センチ・体重35キロの母親に同じ薬を出します。仮に14歳の子どもと１歳の子どもに同じ薬を出されたら、

親は二度とそのクリニックに行こうとは思わないはずです。これと同じようなことが、高齢者の医療では当たり前のように行われているのです。

◎ 降圧剤と頭痛薬、やめたほうがいいのはどっち？

高齢者の中には、「降圧剤は体にいいけれど、頭痛薬は体に悪い」と思っている人がいます。毎日降圧剤を飲む一方で、頭が痛くなってもひたすら頭痛薬を我慢している人がいます。

しかし、降圧剤は長期服用しなければならないのに対して、頭痛薬を飲むのは頭が痛くなったときだけ。年をとれば肝臓の分解能力や腎臓の排せつ機能は低下しますから、長期服用した薬は体内に溜まりやすくなります。副作用のリスクは、降圧剤のほうが確実に大きいといえます。

私自身は整腸剤や胃薬は飲んでいますし、血圧を２２０から１７０に下げる程度の薬は飲んでいます。しかし、それ以上効き目の強い薬は避けています。

薬は本来、苦しみを取るためのものです。痛いのに痛み止めを避けたり、降圧剤などを我慢してまで飲み続けるのはやめましょう。

いらない薬をやめる②

——認知症と診断されてから治療薬を飲むかどうか

薬についてのお話を続けます。認知症と診断されてから、認知症の治療薬を飲むかどうか。この問題については、一概に答えを出しにくいのですが、私は薬に頼るより、体と頭を使い続けたほうがよいと考えています。

アルツハイマー型認知症は、アミロイドβなどのタンパク質が脳内に異常に溜まり、脳全体が萎縮することで引き起こされるとされています。現在、認知症の治療に使われている薬は、アミロイドβを減らす効果をもたらすのではなく、アセチルコリンという神経伝達物質を増やし、神経活動を高める手助けをするものが大半です。

薬によって認知症の進行を遅らせる効果は認められていますが、効果は限定的であり「少し効くかもしれない」という程度です。しかも、まだ認知症の根本的治療薬はありません。

「アデュカヌマブ」という薬にアミロイドβを減らす効果が認められたことで「画期的な治療薬」として話題になりましたが、日本では現状のデータでは有効性の判断が難しいとの見地から、販売承認が継続審議となっています。

◎東京と茨城の認知症患者さん、大きな差とは？

私には**東京の浴風会病院と、茨城県にある病院の両方で認知症患者を診ていた時期があります。**そのとき、**茨城の病院の患者さんのほうが認知症の進行が遅いことに気づきました。**

理由は認知症と診断されてからの行動の違いにありました。東京の患者さんは診断されてすぐ、家族が「危ないから」「恥ずかしいから」と家に閉じ込めてしまう傾向がありました。

一方、茨城の患者さんたちは地域の人や家族のサポートを受けながら、好きに歩いていましたし、それまで通り農業や漁業を続けていました。そうやって体や頭を使い続けたからこそ、認知症の進行が遅くなったのだと確信しました。

まずはできる限り体と頭を使い続けるようにしましょう。

健康診断をやめる

日本では多くの医師が健康診断を推奨しています。実際に、たくさんの人が年に一度の健康診断を受診しています。現役時代は職場の健診を受けるのが一般的であり、リタイア後は自治体が補助している健診を受ける人が多いかもしれません。

確かに、健康診断は、がんをはじめとする生活習慣病の早期発見につながります。健診によって命が救われる人がいるのは認めます。

しかし、75歳を超えた人は少し考え方を変える必要があります。

そもそも、**健康診断で示される「正常値」は、40代～60代くらいの人のデータをもとに作成された基準値にすぎません。これを高齢者にとっての正常値とするのは無理があります。**もっというと、正常値は一人ひとり違うのです。

そんな「正常値」をもとに異常であると診断し、治療を行うとどうなるでしょうか。数値を正常にするために薬を服用した結果、かえって元気がなくなり寿命を短くしてしまう恐れもあります。

◎医師は健康診断を受診していない!?

医師は健康診断を推奨している割に、自分では健診を受けず、薬を服用しない傾向があります。健診や薬が、本当の意味で健康的ではないことを自覚しているからではないでしょうか。

19ページでは、高齢になれば、ほとんどの人に動脈硬化が起こるとお話ししました。血圧や血糖値はむしろ高めでないと、酸素やブドウ糖が脳に届きにくくなります。

そう考えると、高齢者は高血圧や高血糖と共存するという考え方にシフトするのが正解だと私は信じています。健康診断の結果を気にするよりも、転倒による骨折を防ぐこと、食事をしっかり摂ることのほうが大事です。

病気とともに生きたほうが長生きできる。そう考えれば、病気を必要以上に不安がることなく、人生を楽しめるようになることでしょう。

「がんの手術」をやめる

がんは日本人の死因トップの病気です。２人に１人の割合でがんを発症し、３人に１人ががんで命を落とすとされています。

これは、見方を変えれば、年を取るにしたがって、がんになりやすくなるということ。

実際に、私が勤務していた浴風会病院で亡くなった方の解剖をしても、85歳を過ぎたほとんどの人にがんが見つかりました。

ただし、死因ががんだった人は3分の1程度。残りの3分の2の人はほかの死因で亡くなっており、解剖した結果、がんが見つかったということです。

つまり、**がんは高齢になれば多くの人が抱える病気であると同時に、抱えたからといって死因にならないことのほうが多い**わけです。

そもそも、がんは末期になるまであまり症状が出ません。最後の数か月を除けば、「知らぬが仏」で生きていける病気なのです。

◎手術後に弱ってしまう理由

そう考えると、あえて高齢になってからがんを切る手術をするのは疑問です。

私から見て、日本の医者のがん治療は適切とはいえません。かつて乳がん患者の乳房を全摘していたように、転移を恐れてまわりの臓器まで摘出しすぎる傾向があります。臓器の摘出部分が大きくなれば、機能が低下し、元気がなくなります。

高齢者はただでさえ体力が落ちていますから、手術の結果ＱＯＬ（生活の質）が下がることは容易に想像できます。

例えば、胃がんの手術で胃を３分の２も摘出する手術をした結果、栄養状態が悪くなり弱ってしまう高齢者が後を絶たないのです。

仮にがんを切り残したとしても、高齢者の場合、転移して命を落とすまでには、おそらく10年近い時間がかかるでしょう。少なくとも85歳までは支障なく生活できる計算です。

そもそも私はがんは切らなくてもいいと考えているのですが、どうしても不安で手術をしたいなら、がんだけを切ってくれる医者を探すことをおすすめします。

第4章

「脳を使わない生活」をやめる

「いつもの生活」をやめる

年齢を重ねるにつれ、毎日同じ時間に起き、同じような食べ物を食べ、いつものように散歩をし、いつものテレビを見て寝る、という単調な生活を送りがちです。これでは前頭葉が老化し、意欲が低下し、ますます単調な生活を送る、という悪循環に陥ります。

そこで、できるだけ決まり切った習慣や行動パターンを避けるようにしましょう。いつもの習慣や行動は、特に前頭葉を使わなくてもできてしまうため、なるべく前頭葉を使うような仕組みを生活に組み込むのです。

効果的なのは、趣味やボランティア、小旅行といった「**外出の予定**」を適度に入れること。外出すると、他人と会って会話をします。予定とは異なる状況もたびたび経験するので、必然的に前頭葉を使うというわけです。

そこまで頻繁に用事を作れない人は、日常の中でできるだけ「いつもと違うこと」に取り組んでみましょう。

例えば「**散歩のコースを変える**」「**いつもとは別のスーパーに行く**」「**普段使わないお皿を使ってみる**」「**テーブルに座る位置を変えてみる**」などです。読書が好きな人は、普段は読まないジャンルの本を手に取ってみましょう。

◎「一日一つの変化」を経験しよう

「一日に何か一つの驚き・変化を経験する」という目標を立てると、自然と「いつもと違うこと」ができるようになります。驚き・変化を探そうというアンテナが立つので、スーパーに買い物に行ったときに「いつもと違うメーカーの醤油を買って使ってみよう」といった行動を取るようになるのです。

「いつも木綿豆腐を食べていたので、今日は絹豆腐にしてみる」「いつもコロッケにソースをかけていたので、醤油をかけてみる」など、ほんのちょっとした変化でいいのです。これなら、誰でも簡単にできるはずです。

もちろん、あえて嫌な経験をする必要はありません。ストレスは前頭葉に悪影響を及ぼすからです。楽しいと思える変化を経験していってください。

「新しいことへの萎縮《いしゅく》」をやめる

変化を経験することともつながりますが、新しいことへのチャレンジを、意識的に増やしましょう。

前頭葉の機能は40～50代から衰え始めます。前頭葉が老化すると、新しい物事への対処が苦手になっていきます。例えば、「同じ店で同じメニューだけを食べるようになる」「同じ著者の本だけを読み続ける」といったことが起き、新しいことや今までと違うことをするのを避けるようになります。

こういった初期症状にはなかなか気づきにくいという問題があります。朝起きて、散歩をして、買い物をして、テレビを見て、晩酌をして、寝るといったルーティンを続けている限り、特に支障は起きないからです。

普段通りに買い物をしたり、料理を作ったりできるので、自分では前頭葉の衰えを自覚できません。しかし、放置していると、前頭葉はますます萎縮していきます。新しい出来事や突発的な出来事に対応できなくなってしまいます。

◎「人生は実験」である

世の中には「キャッシュレス決済」や「メタバース」など、新たな事象が次々と登場します。新しいシステムやサービスに戸惑うのは理解できますが、それを拒否し続けていると意欲や好奇心も衰えていきます。

今からでも遅くはありません。前頭葉が完全に衰える前に、新しいことにチャレンジをして、前頭葉を刺激しましょう。新しく見つけたお店に入る、食べたことのない食べ物を食べる、未知の著者の本を読む、知らない土地を散歩するなど、できることはたくさんあります。

「人生は実験」だと思えば、失敗も怖くないはずです。年齢を重ねれば重ねるほど、失敗しても大したダメージにはなりません。新しい友だちを作ろうと思って、うまく関係が作れなかったとしても、「縁がなかった」と割り切って、別の人と仲良くすればよいのです。

失敗を恐れなければ、たいていのことにチャレンジできます。

テレビをやめる①
——私の違和感

テレビを主要な情報源にするのは考えものです。不安や感情をあおることの多いメディアだからです。

コロナ禍では、テレビ報道がコロナ一色に染まりました。そのほとんどが「コロナは危険で怖い」という情報をデータとともに伝えていました。それを見て「外に出るのは怖い」と考えた人も多いことでしょう。

テレビに言われるがまま、自粛生活をしていると足腰が弱ります。悪くすると寝たきりになる可能性もあります。家から出ずにコロナウイルスを回避できたとしても、別の病気になってしまったのでは元も子もありません。

また、**テレビでは健康常識をしばしば取り上げます。高齢者が熱心に視聴しているようですが、内容はというと「コレステロールや血糖値を下げろ」の一辺倒。**前述したように、高齢者の実態とはそぐわない情報ばかりです。

◎テレビが扱うのはわかりやすい情報

テレビには、スポンサーに忖度《そんたく》するという問題もあります。

例えば、飲酒運転事故に対してキャスターが「飲酒運転はもっと厳罰化すべきです」とコメントすることがあります。一方で「アルコール依存につながる飲酒のコマーシャルを規制すべきです」とコメントすることはありません。メーカーからそっぽを向かれてしまうからです。

そもそもテレビが扱うのは偏《かたよ》った情報です。高齢者が自動車事故を起こすとセンセーショナルに扱う一方で、若者が起こした事故はたいして報じません。

偏った情報を見聞きしていたら、不安が募《つの》ってストレスがたまり、うつ病になるかもしれません。物事に白黒つけようとする「二分割思考」や、たった一つの解決策や行動にこだわる「かくあるべき思考」も身につきやすくなります。

それでも、なぜか「テレビに出ている人＝偉い人」だと勘違いする人が多く、選挙になると元タレントや歌手が当選する姿を見ます。そろそろ目を覚ましたほうがいいのではないでしょうか。

テレビをやめる②
——「笑い」は脳と免疫力向上に重要だけど

笑うと脳は活性化し、免疫機能も上がります。だから笑うためにエンターテインメントにふれることは重要です。が、「娯楽はテレビだけ」というのは困ったものです。

私は「テレビでバラエティ番組を見ても笑えない」という高齢者の話を見聞きします。**テレビで笑えないというと、「年を取って笑いのセンスについていけなくなったからだろう」と解釈されがちなのですが、違います。**

例えば、私はかつて娘にせがまれて、大阪の「なんばグランド花月《かげつ》」で公演を観た経験があります。そこで目の当たりにしたのは、70代・80代のお客さんたちが大笑いしている光景です。

だからといって、お年寄り向けの芸というわけではなく、私も娘たちもお腹を抱えて笑いました。つまり、本物の芸であれば、年齢を問わず誰でも笑えるものです。皆を笑わせてこそ、プロの芸人として評価できるのです。

ところが、テレビで活躍しているのは、若い人に人気の芸人ばかり。キツい言い方をすれば、箸が転んでもおかしい年頃の人にしか受けない芸を見せられるのがテレビです。そんな素人芸《しろうとげい》を見ても免疫機能が上がらなくて当然です。

◎テレビのエンターテインメントの限界

テレビ局は、特定の芸能プロダクションと強く結びついています。優先的にそういったプロダクションのタレントを使っているのではないかと私は疑っています。その証拠に、「笑点」は、数々のバラエティ番組の中でも常にトップレベルの高視聴率を維持していますが、お年寄りも楽しめる番組が評価されているのに、テレビ局に「笑点」を真似た番組を作ろうとする動きはまったくありません。どんな業界でも売れているものを後追いする風潮があるのに、不思議です。

いずれにしても、今はテレビの地上波に限らず、Netflix《ネットフリックス》などの配信サービスも利用できます。テレビ以外に楽しみを求める発想が必要でしょう。

一方的な考え方をやめる

テレビやネットを見ていると、何かのスキャンダルを起こした人が一方的に悪者扱いされているのをよく目にします。ニュースのコメント欄などには、「ひどい話だ」「絶対に許せない」などと感情的な反応があふれています。

しかし、一つの情報だけ見て、それがすべてであると思い込むのは非常に危険です。マスコミと同じ意見を発しているだけでは、自分の頭で考えたことにはなりません。当然、前頭葉も刺激されないままです。

自分の意見を表明するときには、本当に自分が思考した末の結論なのかどうかを意識することが大切です。

そのためには、**メディアの情報を見て反射的に同意するのではなく、一度疑ってみる姿勢を身に付けるべきです。**「本当に、この人は悪人なのかな？」「いいこともしていたじゃないか？」「実は、ほかにもっと悪い人がいるんじゃないか？」などと冷静に考えるトレーニングを習慣づけるのです。

このトレーニングをすれば、「なるほど、こっちの言い分にも一理あるかもしれない」と思え、柔軟な思考ができるようになります。一方的な考え方に固執する「偏屈老人」になるのを回避できます。

◎異なる主張に耳を傾けよう

自分と違う考えを受け入れることも重要です。近年は、政治に関する意見が自分と異なるというだけで「左翼的だ」「右翼的だ」などとレッテルを貼って批判する傾向があります。

自分と同じような主張だけを受け入れ、それに反する意見に耳を貸さない態度は、脳のためにはなりません。頭を使うことがほとんどないからです。

そこで、**あえて自分とは異なる主張の本などを読んでみましょう。最初は冷静に読めずイライラするかもしれませんが、自分では考えもしなかった意見に接すると、前頭葉が刺激されます。**それに反論する意見を考えるのも、思考のトレーニングとなります。

「どうせこうなる」という経験したふりをやめる

人は経験を重ねるにつれ、新鮮な驚きが少なくなっていきます。「どうせこうなる」「だいたいこんな感じになるはず」と思い込む傾向が強くなります。**でも、本当に私たちはすべてをわかっているのでしょうか。やってみないとわからないこともたくさんあるのではないでしょうか。**

「やってみないとわからない」という言葉を聞いて思い出すのは、小泉純一郎元総理です。私は、小泉氏を政治家として評価はしていません。なぜなら総理在任期間中に史上最多の自殺者を生み出したからです。

小泉氏は「とにかく民にできることは民にさせたほうがいい」という信念を持っていました。競争原理に基づく社会を作れば、経済は活性化すると考えたのです。その改革の過程で、大量の失業者と自殺者が生まれたわけですが、日本経済の長期停滞は現在も続いています。

◎「やってダメなら戻せばいい」

もっとも、私には小泉氏を評価している点があります。それは「やってみなければわからない」というスタンスを徹底したことです。

当時、郵政民営化という政策にはさまざまな反対意見が寄せられましたが、彼は絶対にうまくいくなどとは言わず、「やってみなければわからない」と反論しました。確かに、郵政民営化が国民の利益になるかどうかは、やってみなければわかりません。

日本郵政の株は、民営化後も100％日本国政府保有（財務大臣所有）が法律で規定されていました。株式上場したのは2015年になってからです。つまり、うまくいかなかったときには国営企業に戻す余地が残されていたのです。

「やってみなければわからない」「やってダメだったら元に戻せばいい」

そう考えれば、いろいろなチャレンジができます。「どうせこうなる」と思いそうになったら、「やってみなければわからない」という言葉を思い出してください。

同じ考えにこだわるのをやめる

若い人は、寝たきりの高齢者を見て「そこまでして長生きしたいなんて思わない」と言うことがあります。あなたも若い時分は似たような考え方をしていたかもしれません。

けれども、実際に自分が寝たきりの立場に立たされたら、それでも生きていたいと思う可能性は十分あります。

以前、私があるテレビ番組に出演したとき、ビートたけしさんと休憩中に会話をする機会がありました。そこでたけしさんは次のように語っていました。

「和田先生よぉ、寝たきりになってまで生きてたくねぇっていうのは嘘だよな。だって、うちのばばあ（母親）は、『寝たきりになったら、私を殺してくれよ』なんて言ってたくせに、いざ本当に寝たきりになったら『たけし、ちゃんと先生にお礼を包んでるか？』って聞くんだよ」

オチのある話に大笑いしましたが、「考え方が変わる」というのは本当にその通りだと思ったのを記憶しています。

◎ 時代とともに価値観は変わっていくもの

時代とともに価値観も変わっていきます。例えば、一昔前は「夜遅くまで働いて家族を養うのは素晴らしい」という価値観が主流でした。けれども、今は働き方改革の時代であり、「定時に帰宅して家事や育児をするのが素晴らしい」という価値観を持つ人が多数派になってきました。

別に、高度成長期にバリバリ働いていた人が悪いわけではありません。当時は作れば売れる時代であり、長時間働くことが成果や収入に直結していました。その手法が通用しなくなってきたから、付加価値をつけて売るという手法に変わってきたということなのです。

いずれにせよ、**過去の自分の発言に縛られるのはつまらない人生です。人間の考え方は年齢とともに変わって当然です。**変節《へんせつ》や朝令暮改《ちょうれいぼかい》は恥じなくても大丈夫。過去は過去、今は今というスタンスで柔軟な考えを持ちましょう。

不勉強をやめる

医学的には、勉強をすることで認知症を確実に予防できるとはいいきれません。有名な学者や作家であっても、アルツハイマー型認知症を患うケースが見られます。

ただ、**頭を使っている人は、認知症の発症が遅れる傾向があります。**

認知症の前段階といわれる軽度認知障害を抱えていても、脳のトレーニングによって認知症の発症を抑止できるそうです。

また、頭を使っていれば、認知症になった後の進行が遅れるとされています。これは、私がかなりの数の認知症患者を診てきた上での実感とも重なっています。さらに勉強をしている人は、認知症でないのに、認知症のようになってしまうのを避けることができます。

私は浴風会病院で、**生前に完全に認知症のように知的機能が低下していた人**

が、解剖をしてみると実は脳の変化がほとんどないケースがあるのを何度も見てきました。

おそらく、脳を使っていないうちに廃用《はいよう》（活動性の低下などによる身体機能の衰え）が起こって、著しく脳の機能が低下したということなのでしょう。

◎勉強の楽しみは、人生を充実させる

以上を考えると、75歳になっても勉強を続けることは大切です。精神科医のジークムント・フロイトは83歳で亡くなる約1年前まで研究を続けていたそうですし、「マネジメントの父」と呼ばれた経営学者のドラッカーは90代になってからシェイクスピア全集を読み直したというエピソードがあります。

自分が好きなテーマで勉強をすると、脳は刺激を受け、楽しみを感じます。学んでわかったときの喜びは、ゲームやテレビなどで味わう楽しさとは別格です。勉強の楽しさを知っている人は一生充実した人生を送ることができます。

「勉強」といっても机に向かって本を読むだけではありません。歴史散歩でも映画の研究でもOKです。テーマを決めて勉強に取り組んでみましょう。

「知識ばかり増やす」をやめる

前項でお話ししたように、脳の健康を保つためには、高齢になっても勉強を続けることが大切です。ただし、インプット中心の勉強はやめましょう。日本では「勉強＝インプット」という風潮が強いので、読書や著名人の講演会に参加しただけで勉強したような気になります。

しかし、本当に自分に身についているとは限りません。特に、年を取れば取るほど、新しい情報を記憶するのは難しくなります。インプット中心の勉強法では、「わかったつもり」「学んだつもり」で終わる可能性が大です。

高齢者には、これ以上の詰め込み型の勉強は不要です。これからは、これまで頭にインプットした情報を発信したり、独自のアイデアに高めていったりする「アウトプット型の勉強」を目指すべきです。

アウトプットが前提になれば、インプットにも力が入ります。学生時代も試験やテストというアウトプットの場があったからこそ、一生懸命インプットの努力ができたはずです。日常的にアウトプットしていれば、覚えた知識を忘れにくくなるのです。

◎アウトプットの機会があるから、勉強できる

私はたくさんの本を執筆し、講演をする機会も多いので、「どうやってそんなにインプットしているのですか？」と聞かれることがあります。しかし、たくさんインプットしているからアウトプットできるわけではありません。逆にアウトプットの場がたくさんあるからこそ、熱心に学び続けているのです。

周囲の人に学んだ知識を話すなど、アウトプットの機会を積極的に作りましょう。最初は、本で読んだりセミナーで聴いたりした話を、受け売りしてＯＫです。私もワインについて知識を披露することがありますが、ほとんど師匠や周囲の人から学んだ知識を受け売りしているだけです。

受け売りでも自分というフィルターを通すことで、独自の解釈が加わります。継続していけば、自分なりの発信が必ずできるようになります。

単なる「物知り」をやめる

アウトプットする感覚を覚えたら、今度は独自の視点から意見を述べるレベルを目指しましょう。

単なる「物知り」のレベルを脱することを目指すのです。何度でも繰り返しますが、勉強のレベルアップは何歳からでも可能です。

報道番組やワイドショーでコメンテーターが発言している情報を鵜呑みにするのではなく、疑ったり、裏付けとなる情報を確認したり、加工してみたりしながら、オリジナリティを出していきます。

例えば、テレビで「凶悪犯罪が増えている」というコメントを耳にしたら、自分なりに調査してみます。「調査」というと大げさですが、「犯罪白書」などの公的なデータをインターネットで検索すれば、誰でも簡単に発言の真偽を調べることができます。

調べた情報をもとに、「テレビで凶悪犯罪が増えているといっていたけど、データを調べたらそんなことはない。ここ数年は戦後最低レベルで推移しているよ」と発言をすれば、テレビに出てくる識者よりも賢くなれます。

◎仮説を立てて、立証しよう

オリジナルの意見を述べるためには、大胆な仮説を立てることも大切です。荒唐無《こうとうむ》稽《けい》な説であっても、まずは自由に仮説を立ててみます。仮説を立てることで、その仮説を立証するための材料を集めようと勉強します。この一連の行為を通じて前頭葉は活性化されます。

自分が立てた仮説が間違っていた場合は、素直に間違いを認め、撤回します。別の仮説を立てて、検証していけば真実に近づくことができます。

私の場合は、たくさんの高齢者を診てきた経験から、「太めの体型の人のほうが長生きの傾向がある」という仮説を立てました。自分の仮説の正しさを勉強し続けています。仮説を立てて立証できれば、独自の意見を発することができ、周囲からも一目置かれるようになります。

「SNS嫌い」をやめる

最近はSNSをアウトプットのツールにする人が増えています。毛嫌いをせずに、チャレンジしてみてはいかがでしょうか。

「SNSで発信といわれても、何を書いてよいのかわからない」

「どうせ誰も読んでくれないだろう」

そんな声が聞こえてきそうですが、心配しなくても大丈夫。とりあえずの目標はアウトプットを習慣づけ、前頭葉を刺激することです。

あまり深く考えずに、読んだ本について感想を書くのでも、今日新しく得た知識を書くのでもOKです。要するに日記を書くのです。

経験した出来事を書く場合、経験したことを思い出す作業が必要となります。思い出す行為を通じて前頭葉を使います。最初はメモ書きのような文章でかまいません。日記的に書くとはいえ、SNSは誰もが閲覧可能ですから、「誹謗中傷は書かない」などのルールを守るのは当然です。

◎今は、本の著者になるのも夢ではない

慣れてきたら、人に伝えることを意識してみましょう。もっとわかりやすく伝えるにはどうしたらいいか、どんなことを書けば共感してもらえるかを考えるのです。高齢者は豊富な人生経験を持っています。切り口を工夫しながら経験を発信していけば、人気のブロガーやユーチューバーになれる可能性もゼロではありません。

私は「本の著者になること」を老後のアウトプットの目標にすることを提唱しています。もちろん簡単な目標ではありませんが、出版のハードルは昔よりは確実に下がっています。しかも、今の70代～80代には読書熱心な層が多く、同年代だからこそ共感を得られることもあるはずです。現実に年金暮らしのノウハウなどをブログにつづり、見事書籍化を果たす著者もいます。

本を書くことを目標にすれば、ＳＮＳでの発信にも張り合いが出ます。ぜひ目標を持って、楽しみながらチャレンジしてほしいと思います。

無趣味をやめる

仕事をリタイアしている人は、趣味やライフワークの時間を持つことが重要です。

私の印象では、女性は上手に趣味を見つけて取り組んでいる人が多いのに対して、現役時代に仕事一辺倒だった男性は趣味を見つけられず暇を持て余している姿が目立ちます。

何をやるでもなく一日を過ごしていると、刺激もなくなり、老人性うつのリスクも高まります。年を取ってからのうつ病はやっかいです。

鬱々《うつうつ》とした気分にならないために、現時点でこれといった趣味がない人は、すぐに見つけることをおすすめします。

高齢になればなるほど前頭葉が萎縮し、新しいことにチャレンジするハードルが高くなっていきます。75歳ならまだまだ新しいことに取り組む元気はあるはず。完全に意欲がなくなってしまう前に、少しでも早く行動してください。

◎何事も「とにかくやってみる」

何をやればいいのかわからない人は、若い頃に少しでも取り組んでいた趣味に再チャレンジするのも一つの方法です。やってみると、以外にコツを覚えていることに気づき、ゼロから始めるより継続しやすい可能性があります。また、若い頃には気づかなかった面白みを発見できるかもしれません。

あるいは、**子どもの頃は家庭の事情などでできなかった趣味に取り組んでみるのもよいでしょう。高齢になってからピアノを始めるのも素敵です。**

何事もとにかくやってみるのがポイントです。やってみてつまらなかったら次の趣味に取り組めばいいだけです。最悪なのは、あれこれと理由をつけて何もやらないことです。

趣味以外にボランティアやNPO活動、アルバイトなどに取り組む方法もあります。地域のために活動するのも充実した生き方です。ぜひ、自分に一番合った活動を見つけましょう。

第5章

「イライラ・クヨクヨ」をやめる

「人生は下り坂だ」と思うのをやめる

「75歳になったら、もう人生にはいいことなんてない」
「この先は、ゆっくり下り坂を歩いていくだけだ」
そんなふうに考えていませんか。でも、人は死ぬまでピークを迎える可能性を秘めています。

人生100年時代を幸せに全うするためには、「人生のピークをできるだけ先に設定する」という発想が重要となります。

何を「ピーク」に設定するかは人それぞれです。確実にいえるのは、目標を設定し、それを実現したとき、人は人生のピークを迎えているということです。

漠然と生きていると、人生の目標は達成できません。大切なのは、自分が残りの人生で何を為し遂げたいかを考えることです。

目標は「90歳まで現役で仕事を続ける」「作家デビューする」「世界一周旅行

をする」などなんでもかまいません。また、目標は一つとは限りません。私は映画監督としても、物書きとしても、精神科医としても、家庭人、社会人としてもずっと続けていきたいという目標を持って生きています。

自分で目標を設定し、目標に向けて楽しく努力しているとき、人は生き生きと輝けます。「今さら目標なんて」「ダメに決まっている」などと考えずに、トライしてみましょう。元気な75歳には、まだまだ時間が残されています。

◎ささいな目標でも実現することが大事

目標は壮大なものでなくても大丈夫です。「毎日読書を続ける」「自分の足で散歩を続ける」など、ささいなことであっても、目標を立てて実現させる行為を繰り返していれば、人生のピークはどんどん後ろにずれていきます。自分の人生を常に上書きし、ベスト記録を更新していくようなイメージでしょうか。

退屈な余生を当てもなく過ごすか、人生のピークを先に持っていけるか。すべては自分の考え方で決まります。

ぜひ、ピークを目指す楽しい人生を送ってください。

「意欲の老化」をやめる

人の老化は、知力や体力の衰えではなく、実は意欲の衰えから始まります。

「もの忘れが激しくなった」「昔の俳優の名前が思い出せない」「暗算で答えを出すのに時間がかかるようになった」というのが知力の老化であり、「階段を上るとすぐに疲れる」「歩くスピードが遅くなった」などが体力の老化です。

これに対して、意欲の老化は「これをやってみよう！」「がんばろう！」というモチベーションが低下する状態を指します。

高齢者の多くは、知力や体力の衰えを恐れています。特に記憶力の衰えを怖がる傾向があります。もの忘れが続くと「認知症かもしれない」などと不安になり、せっせと脳トレを行ったりします。

しかし、**本当に恐れるべきは、記憶の衰えよりも「意欲の衰え」**です。

人間の体は、知力や体力を司る器官よりも、意欲にかかわる脳の前頭葉のほ

うが先行して衰えます。

前頭葉の働きによって、私たちは物事にチャレンジしたり、上手に感情を切り替えたりしているわけですが、それができにくくなるわけです。

◉楽しいことをして「前頭葉」を刺激する日々を

逆にいうと、前頭葉が老化すると無気力になり、人間らしい生活を送れなくなっていくということです。コロナ禍では若い世代の人たちはしばらく行動制限を経験しても、再び行動的になることができました。

しかし、70代後半にもなると、いったん動かない生活を続けた結果、行動する意欲が失われてしまいます。行動しないと頭も体も使いませんから、結果的に知力や体力の老化も一気に加速します。

つまり、まずは前頭葉の老化を食い止めることが先決です。「自分にとって楽しいと思うことをやる」というのがポイントです。楽しいことをして前頭葉を刺激すれば、老化に歯止めがかかります。

意欲を保った状態で70代を終えれば、元気な80代が待っています。

過剰に不安に思うのをやめる

森田《もりた》正馬《まさたけ》という精神科医が創始した森田療法では、人が不安になるのは「生の欲望」があるからだと考えます。例えば、人に嫌われたくなくて不安を感じている人は、裏を返せば「人に好かれたい」という生の欲望を持っています。不安があるからこそ、私たちは「頑張って働こう」「将来のために勉強しよう」などと努力をします。不安はエネルギーに変換できるということです。

また、人は不安を持つことで対処法を準備できます。「電車が遅れるかもしれないから早めに家を出よう」「渋滞に備えてクルマに給油しておこう」などと考えるのは、不安を上手に活用している例といえます。

ただし、過剰に不安を持ってしまうのは問題です。

これから起こるかもしれない事態を必要以上に不安視し、悲観的な未来を想像してしまうことを「**予期《よき》不安**」といいます。

実は大半のケースでは、不安に思っていたことが実現しても、それほどダメージを受けないものですが、予期不安に振り回されるあまり、リスクを高めてしまうことがあります。

◎ とりあえず行動してみよう

例えば、コロナの恐怖で外出することを極度に恐れ、家に閉じこもった結果、寝たきりになったり認知症になったりする高齢者がいます。実際に私が診ている患者さんにも、コロナ禍で閉じこもる生活をした結果、認知症が進んだ人や、歩行が困難になった人がいます。

冷静に考えれば、高齢者が新型コロナで寝たきりになる可能性より、外出自粛によって寝たきりになる可能性のほうが大きいはずです。

あまりに不安が大きくなりすぎると、もはやどう対処していいかわからなくなります。大切なのは、深く考えすぎず、とりあえず行動してみることです。試しに行動してみて、結果を見てから次の行動を判断すればよいのです。

まさに「案ずるより産むが易し」です。

お金の不安を持つのをやめる

２０１９年に「老後資金２０００万円問題」が大きな話題となりました。金融庁の金融審議会である市場ワーキング・グループが「老後30年間で２０００万円が不足する」という試算を発表したことがきっかけで注目された問題です。夫65歳以上、妻60歳以上の夫婦のみの無職世帯では毎月５・５万円の赤字が生じるから、５・５万円×12か月×30年＝１９８０万円足りない。これが老後資金２０００万円問題の計算根拠でした。

これを見て老後のお金に不安を持った人が多いかもしれません。しかし、私はお金の不安に振り回されてケチケチするのはもったいないと考えています。

高齢者は現役世代と比べて食費などのコストが下がっていきます。持ち家に住んでいる人であれば、年金で生活費はまかなえると思います。寝たきりになれば、年金で特別養護老人ホームに入る資格が得られます。一律に毎月５・５

万円赤字になるという認識は間違っています。

◎「税金の元を取る」という意識を持つべき

自営業だったから年金の支給が少ないという人の場合は、生活保護を受けるという選択肢があります。「国民年金が6万円程度だから、生活保護以下の生活しかできない」というのは誤解です。生活保護は、国が定める最低生活費と世帯収入を比べて、不足する額を支給する制度なのです。

日本では、生活保護に頼るのは恥だという感覚を持つ人が一定数います。生活保護を受けている人をバッシングする風潮もあります。

しかし、**現役時代にきちんと納税をしてきた人が、生活が困窮したときに国に助けてもらうのは当然の権利です。**

若い人には生活保護を受ける前に働くという選択肢もあるでしょうが、75歳の高齢者が生活保護の申請をしても「働きなさい」とは言われないでしょう。

生活保護の受給者は医療や介護、ＮＨＫ放送受信料などにかかる費用も補助されます。困ったときには、税金の元を取るという意識で頼るべきです。

うつ症状の放置をやめる①
――心と体が動かないと危険

不安と関連して、うつ病にもふれておきたいと思います。

うつ病というと、仕事のストレスを抱える現役世代の病気のイメージが強いかもしれません。しかし現実には、高齢者のうつ病リスクは高いといえます。

うつ病は、しばしば「心の風邪」といわれるくらい、誰もが発症する可能性がある病気です。日本では人口のおよそ３％、65歳以上の約５％がうつ病患者であるといわれています。

ただし、「風邪」のイメージで軽く捉えるのは間違っています。うつ病は放っておいてもよくなるわけではなく、こじらせると大きな問題になり得ます。

厚生労働省によると、２０２０年の自殺総数は約２万１０００人。年齢別に見ると70～79歳は14・４％、80歳以上は10・９％。自殺者の５～８割はうつ病患者であるといわれますから、怖い病気であることがわかるでしょう。

多くの人が認知症をおそれる一方で、うつ病に関してはどこか他人事のように捉えています。しかし、私は認知症よりもうつ病のほうがつらいと感じています。認知症は進行するにつれて多幸感が増すことがあるのと比べて、うつ病は苦しい思いをする一方だからです。

◎心と体を動かすことが防衛策

では、いったいどうしてうつ病になってしまうのでしょうか。原因は「心因」と「身体因」の二つに分けることができます。

「心因」は、配偶者や親しい友人やペットとの死別や、病気で寝たきりになったなど、大きなショックを受けたことが原因です。「身体因」は、加齢や外出しない生活によるセロトニン不足、あるいはタンパク質不足など身体の問題が原因です。

つまり、心と体が動かない生活が続くとうつ病になりやすくなるのです。本書でお話ししているように「やりたいことをやる」「体を動かす」ことは日常でできる最大の予防策となります。

うつ症状の放置をやめる②
――認知症とうつを見分ける「二つの質問」

認知症とうつ病は、見分けがつきにくいという問題があります。家族が認知症を疑って高齢者を病院に連れてきたところ、診断の結果、実はうつ病だったとわかるケースが多々あります。

私の場合は、患者さんに対して「ちゃんと眠れていますか？」「食欲はありますか？」という二つの質問をします。

その際、**「眠れなかった。眠りが浅くなった」「食欲が落ちた」**と答える人は、うつ病の可能性が高いと考えます。老人性うつ病の場合は、一般的にいわれているように気分が落ち込んだり自責感が増したりしないことも多いので、注意が必要です。

自分自身で、うつ病と認知症を見分ける方法を一つお話ししましょう。

認知症は非常にゆっくり進行していくのに対して、うつ病は急にもの忘れが

激しくなったり食欲が落ちたり、着替えをしなくなったりします。

はっきりした変化を感じたときは、うつ病を疑ってください。

◎精神科を利用することも大切

もし、まったくやる気が起きない、夜中に何度も目を覚ましてしまう、食欲がなく食べられないといった症状が思い当たる場合は、精神科を受診してみてください。日本では、風邪を引くとすぐに近所のクリニックに行く人が多いのに、心の不調についてはなかなか医療機関を受診しません。精神科を利用することに抵抗感が強いようです。

その理由として、心の不調は自分の精神が弱いからと考える風潮があると思われますが、大きな誤解です。前述したように、人は誰でもうつ病になる可能性がありますし、最悪の場合死につながる病気でもあります。

うつ病で大切なのは早期発見と早期治療です。うつ症状を放置すると何もできない無気力状態に陥り、認知症を併発するおそれもあります。高齢者は、もっと気軽に精神科医に相談してほしいと思います。

「日光を浴びない生活」をやめる

空が薄暗く、雨が降っている日に部屋に閉じこもっていると、なんだか湿っぽい気分になってきます。反対に雲一つない快晴の日に外に出ると、不思議と気分が高揚してきます。

これにはきちんとした根拠があります。太陽の光を浴びると、精神の安定や意欲にかかわるセロトニンの分泌が活性化するのです。

冬の時期になると「**冬季うつ病**」といって、気持ちが落ち込んでやる気が出なくなる季節性の症状を抱える人がいます。これは、日照時間が短くなり、セロトニン不足に陥ることが大きな原因であると考えられています。

つまり、**意識的に太陽の光を浴びれば、意欲を高めることができるわけです。**

それだけではなく、人間の皮膚は日光を浴びるとビタミンDを生成してくれます。ビタミンDは腸からのカルシウムの吸収率を高めたり、免疫力を維持したりする効果があるのです。

とはいえ、あえて日光浴をする必要はありません。一日一度、外に出て太陽の光を浴びれば十分です。できれば散歩や買い物などで外を歩くのが理想です。

◎日光浴は朝がベスト

日光浴におすすめの時間帯は朝です。というのも、セロトニンは睡眠ホルモンであるメラトニンの原料になるからです。

メラトニンは睡眠リズムやホルモン分泌のリズムなどの概日《がいじつ》リズム（サーカディアンリズム）を調節する役割を担っています。要するに、メラトニンが多く分泌されると寝付きがよくなり、睡眠の質も高まります。

このメラトニンは、日光を浴びてから14〜16時間後に増え始めます。

例えば、**朝7時に散歩をすれば、21時過ぎにはメラトニンがたくさん分泌され、眠くなってくる**という仕組みです。

なお、どうしても外に出て太陽の光を浴びるのが難しい場合はベランダに出る方法もあります。体を伸ばして15分程度、顔や手に光を浴びましょう。

失敗を恐れるのをやめる

失敗を恐れないこともクヨクヨしないための一つの方法です。

高齢になると、記憶違いやちょっとした手違いで失敗を経験する場面も増えます。失敗したとき「もう年だからダメだ」「どうしてあのとき、あんな選択をしてしまったんだろう」などと後悔していませんか。そうやってマイナス思考に陥ると、体や脳の老化は加速する一方です。

世の中、思いどおりにいかないことがほとんどです。日常の中で失敗したからといって、全財産を失うわけでも、命を失うわけでもありません。失敗しても、またやり直せばいいのです。

ニュースを見ていると、失言やスキャンダルで世間からバッシングを受け、大臣を辞職したり、罷免《ひめん》されたりする政治家がたびたび出現します。

そのときはマスコミや支援者たちからの風当たりも強く、当人も神妙な面持ちをしているのですが、しばらくすると当たり前のように選挙で再選されます。そして何食わぬ顔をして国会議員を続けています。昔の失敗などなかったかのように、再び大臣に返り咲くケースも珍しくありません。

私が言いたいのは「ダメな政治家を見習えばいい」ということではありません。**人はすぐに他人の失敗を忘れるということです。**

ダメな政治家が当たり前のように失敗を受け流しているのに、真面目に生きている市民がちょっとした失敗でダメージを受けるなんて理不尽です。

だから、失敗しても落ち込まなくていいのです。

◎「まあ、なんとかなるさ」の言葉の効果

失敗して落ち込みそうになったときは、「まあ、なんとかなるさ」とつぶやきましょう。**この一言を発するだけで、やる気ホルモンのドーパミンが分泌され、前向きになれます。脳は自分の言葉に感化される性質を持っているのです。**

また、できていることに目を向けて「よくやっているじゃないか」と自分をほめることも効果的です。

学歴信仰をやめる

過去の経歴にこだわらないことも大事です。

年を取っても、過去の学歴をひけらかす人がいます。何かにつけて母校の話をして悦に入っている様子を見ると「恥ずかしくないのかな」と思います。75歳の人は、大学を卒業してから50年以上も経っています。50年前には、確かに有名大学に合格する学力を持っていたのかもしれませんが、それを自慢してどうするのでしょうか。まるで、大学卒業後の50年はつまらない人生を送ってきたと公言しているも同然ではないですか。

私自身、未だに「東大の医学部を卒業されて頭がいいですね」と言われることがあるのですが、そんな昔の学力を褒められても答えに困ります。

実際に、東大の医学部を卒業しても、ずっと金魚のフンみたいに目上の教授に付き従っているだけで、大した研究もできず、出世もできず、臨床の腕も上がらない医者が何人もいます。そんな人を「東大医学部を卒業したから」という理由で尊敬する意味が、私にはわからないのです。

◎学歴よりも「人生歴」

日本では、ノーベル賞の受賞者を教育行政のトップにつけるようなことが起きます。ノーベル賞は確かに輝かしい肩書きですが、それが教育行政の手腕につながっているかは甚《はなは》だ疑問です。本来は、教育の分野でどれだけの実績を上げているかを評価すべきでしょう。

私は、学歴や肩書きではなく、高齢者の臨床においては他の医師に負けないという意気込みで努力してきました。

今の私が頭がいいのかどうか、自分ではわかりませんが、もし頭がいいと評価してもらえるなら、それは大学卒業後もずっと勉強をしてきたからです。

学歴よりも大事なのは「人生歴」です。これまでどんな人生を歩んできたか、どんな生き方をしてきたかのほうこそ重視すべきです。

今の自分の言動がどれだけ魅力的かどうかを問い直してください。

感情的になるのをやめる

次に、イライラの対処法をお話しします。

スーパーやコンビニのレジで店員を「仕事が遅い！」と怒鳴ったり、電車がほんの少し遅延しただけで駅員にくってかかったりする「暴走老人」がいます。こういった人は、喜怒哀楽が激しいと思われがちですが、実はそうではありません。**老化により前頭葉の機能が低下しており、普段は不機嫌で感情を表に出さないのです。感情を上手に発散できずにため込んでしまい、いったん火がつくと歯止めがきかなくなる、**というわけです。

すぐにキレる暴走老人に対して「怒るのをやめよう」「感情を抑える習慣をつけろ」などというのは間違っています。「感情的にならない＝怒りなどの感情を持たない」ということではありません。喜怒哀楽の感情を持つのは人間として当然であり、感情を表現することは大切です。

映画やドラマなどでは感情豊かなキャラクターが愛されています。例えば、映画『男はつらいよ』の主人公「寅さん」は、まわりの人とケンカをして怒ったり、失恋してしょんぼりしたりと、喜怒哀楽を表に出しています。豊かな感情表現をしているからこそ、魅力的な人物なのです。

◎ イラッとしたら「7秒間の深呼吸」

大切なのは感情を持たないようにすることではなく、感情をコントロールすること。感情を持ったときに、問題行動を起こさないように自制することです。**イラッときたとき、脳は酸素が不足していて窒息状態になります。そこで、脳に酸素を送るために「7秒間の深呼吸」をしてみましょう。脳に新鮮な空気が送られるイメージで、吐くときには怒りの感情を吐き出すイメージで行うと効果的です。**

日常的に満たされた状態を作っておくことも重要です。満たされていない人は、他人を怒鳴ることで自己愛を満たそうとするからです。他人と会って愉快な時間を過ごせば、「満たされている」実感につながります。

「老害恐怖」をやめる

くれぐれも、イライラを恐れすぎないでください。

マスコミには、何か事件が起きたときに老人を叩く習性があります。老人が交通事故を起こしたときも、店員などにキレる「暴走老人」が出現したときも、「今日もこんなひどい老人がいました」という具合に報じます。

そんな報道によって、「お年寄りは迷惑な存在」という空気が形成されてきました。「老害」という言葉などは、まさにこの空気を象徴しています。

老害と言われるのを恐れる高齢者は、「人に迷惑をかけてはいけない」という意識を強めています。しかし、**高齢者にとって人に迷惑をかけない生き方ほど不適切なものはありません。**

例えば、コロナ禍で緊急事態宣言が発令されていた時期に、自粛生活を送るのが望ましく、外出するのは迷惑という考え方が浸透しましたが、高齢者が萎縮して閉じこもると、身体機能も認知機能も衰え、要介護や認知症のリスクが高まります。結果的に医療介護費用が増大したら、むしろそのほうが迷惑です。実際に、時間が経過するにしたがい、そういう弊害に目が向けられるようになってきています。

また、高齢者が極端に消費行動を避けることで、景気の悪化を招くほうが迷惑です。もしかすると高齢者が「迷惑をかけてはいけない」という意識のもと、ひたすら貯金に走った結果が、平成不況の最も大きな原因かもしれません。

◉ときには開き直りも大事

確実にいえるのは、今やっていることが迷惑かどうかは、誰にも断言できないということです。そして、「これをすると迷惑をかける」という思い込みがかえって迷惑につながることが想像以上に多いということです。

だったら、**高齢者は我慢せずに自由に生きるべきです。**

「人間は最終的には迷惑をかける生き物である」と開き直って行動したほうが、かえって社会のためになることを知ってほしいと思います。

第6章

「老いるに任せる」をやめる

「外に出ない生活」をやめる

老いを加速させるのは何もしない生活です。何もしない生活を続けていると、前頭葉は刺激されず、意欲の衰えに歯止めがかからなくなります。適度に外出する予定を作ることが大切です。

「外出する予定はあるけれど、行き先は病院だけ」というのも問題です。病院以外に外出する予定も組み入れていきましょう。「映画館で映画鑑賞をする」でも「講演会に参加する」でも、なんでもＯＫです。

私のおすすめは、定期的にランチ外食をすることです。普段、自宅で生活していると、ランチのために外に出るという発想がなくなります。「お金がかかるからもったいない」「昨夜の残り物を片づけないと」といった理由で、冷蔵庫にあるもので済ませている人が多いのではないでしょうか。

しかし、私はランチこそ外食が望ましいと考えています。特に目当ての店を決めずに外をブラブラすると、さまざまなお店が目に入ります。「今日はお肉にしようかな」「久しぶりにラーメンもいいな」などと考えながら歩く時間はなかなか楽しいものです。

ちょっと街歩きをするだけもいい運動になります。いつもと違う店を探しているうちに、意外と行動半径が広がります。

◎ショッピングモールに行くのも一つの手

週に一度か二度程度でも、ランチ外出の機会をつくることで、それなりに自分の服装や見た目も意識できます。新しいお店で食事をすれば、前頭葉も刺激されます。しかもランチなら、たいていは一食1000円以内。老化に歯止めをかける効果を考えたら安いものです。

地方在住で近所にお店がないという場合は、ショッピングモールに行くのもよいでしょう。フードコートは混雑しているイメージがあるかもしれませんが、平日なら空《す》いている時間を選んで利用できるはずです。ランチ前後に買い物を楽しむこともできますし、映画館が併設されているモールもあります。

「引退」をやめる

近年は、定年延長や定年後再雇用制度の導入などによって、高齢になっても働ける環境が整ってきました。

２０２１年の高年齢者雇用安定法改正によって、定年年齢の基準となる年齢は70歳へと引き上げられています。これから70歳定年は一般的になっていくと考えられますし、それ以上の年齢まで働く時代が到来するかもしれません。

今は慢性的な人材不足の時代ですから、高齢者が働いて社会に貢献する余地は十分あります。まず、**今現在、経営者や商店主として仕事をしている人や、資格を生かして個人で仕事をしている人、農業や漁業に従事している人などは、あえてリタイアする必要はありません。**

もちろん「いつまでできるか」という問題はあります。能力的、体力的に限界を感じたなら無理をしなくてよいですが、続けられる限りは仕事を続けることが最良の選択肢です。「いい年なんだから、引っ込まないといけない」という考えで引退した場合は、一気に老化するのを覚悟しておく必要があります。

◎仕事以外に、社会にかかわる方法も

一方、会社員を経験した人の多くはリタイア生活に突入しているのではないでしょうか。すでにリタイアしている人が、無理に会社に勤務する必要はないですし、再就職も決して簡単なことではありません。

できる範囲でアルバイトをするのも一つの方法ですし、地域の中で何かの役職に就いたり、ボランティア活動をしたりするのも立派な社会参加といえます。

自分の経験を若い世代に継承するのも、すばらしい活動です。失敗学の提唱者として知られる東大名誉教授の畑村《はたむら》洋太《ようた》郎《ろう》先生は、会社と利害関係の絡まない定年退職後の人が「相談役」に適任であるとおっしゃっていました。

相談役というと社長や会長を退任した人のポストというイメージがありますが、確かに人望の厚い定年退職者のほうが、いろいろな社員の相談に乗ってくれそうです。ぜひ、社会と積極的にかかわることを考えてみてください。

「歩かない生活」をやめる

あなたは、**ロコモティブ症候群**《シンドローム》、**サルコペニア**という言葉を耳にしたことがあると思います。

ロコモティブ症候群とは、骨や関節などの運動器の障害により移動する能力が低下した状態のこと。サルコペニアとは筋肉量が減少し、筋力や運動機能の低下が進行していく老化現象を指します。どちらも要介護や寝たきりになるリスクが高い状態であり、予防に大きな関心が高まっています。

ロコモティブ症候群やサルコペニアを防ぐために私がおすすめするのは、「歩くこと」です。**これは下半身の筋力低下に歯止めをかける、最も基本的なトレーニングです。**

また、歩くと心肺機能が高まり、全身の細胞に十分な量の血液を送ることもできますし、太陽の光を浴びると「幸せホルモン」と呼ばれるセロトニンを分泌する効果もあります（22ページ参照）。

◎あえて買いだめせず、小まめな買い物を

時間やコースを決めて、ただ淡々と歩くウォーキングもよいのですが、それでは長続きしないという人は、風景を見ながらのんびり散歩を楽しみましょう。公園や街路樹をのんびり歩くと、さまざまな草木や花々が目に入り、季節の変化を実感します。

気ままな散歩ですから、途中、喫茶店で一休みしてもいいですし、パン屋さんでパンを買うことがあってもよいのです。目的を決めずに歩けば、意外な発見があるものです。そうした発見が脳を適度に刺激してくれます。

私自身も、一日30分歩くことを習慣づけています。もともとほとんど歩かなかったのですが、血糖値を下げる目的で取り組んだのがきっかけです。

30分まとめて歩くのではなく、買い物やランチのために小まめに外に出ています。**5分くらいの散歩を一日5回してもいいのです。あえて買いだめはせず、そのつど買い物に出かける状況を作ることで、歩く機会を確保しています。**

「筋トレ嫌い」をやめる

筋力低下の話題を続けます。**人間の筋肉は40代から1年に約1％ずつ落ちていき、70歳頃から自覚症状があらわれるとされています。**

若者の場合、ステイホームでしばらく閉じこもる生活を続けても、外に出れば普通に歩けます。一方、高齢者は歩かない生活が続くと、筋力が一気に落ち、以前の状態に戻すのに苦労します。

普通に生きていても筋力は低下していくのですから、筋力を維持するためには、トレーニングが不可欠となります。筋トレをすると、テストステロン（男性ホルモンの一つ）の分泌を促す効果も期待できます。

「筋トレ」というと、ベンチプレスやレッグプレスなど、筋骨隆々《きんこつりゅうりゅう》な人が取り組んでいるようなメニューが思い浮かぶかもしれません。しかし、そういった激しいトレーニングは不要というよりＮＧです。**ハードな筋トレは、活性酸**

素を大量に発生させ、細胞を攻撃し、かえって老化を加速させてしまいます。

◉ おすすめは「スクワット」

75歳から筋トレに取り組むなら、無理のない範囲で行うことが大切です。

参考までに私が行っているトレーニングをお話ししましょう。

まず、**朝起きてすぐに原稿を書いたりメールチェックをしたりしながら、「シックスパッド」をつけて20分程度、腹筋やウエストを刺激します。その後、振動マシンに乗って10分ほど体幹やインナーマッスルを鍛えます。最後に行うのがスクワット。スクワットは下半身の筋肉を鍛える王道のトレーニングであり、歩く力の維持にも効果的です。**

大切なのは、トレーニングを日常生活に組み込むことです。歯磨きのように「やらないと気持ち悪い」という状態になればこっちのものです。

また、年を取ると胸の筋肉が硬くなり、肩関節が前に引っ張られ、肩甲骨が外側に開くことで猫背になりやすくなります。手を後ろに回し、肩甲骨を寄せる動作を習慣づけましょう。

「転倒しやすい生活」をやめる

筋トレは、転倒防止にもつながります。

「高齢社会白書」（２０１９年）によると、高齢者が要介護状態になった理由は、１位：認知症（24・３％）、２位：脳血管疾患（19・２％）、３位：高齢による衰弱（12・０％）、４位：骨折・転倒（11・２％）となっています。

認知症や脳血管疾患で要介護状態になるのも残念なことではあります。それ以上に、骨折や転倒によって昨日まで元気だった人がいきなり要介護状態に陥るのは、本人にもまわりの家族にもショックが大きいはずです。

やはり、生活の中で、いかに転倒を防ぐかという発想が重要になります。

高齢者が自宅内で転倒事故を起こした発生場所を見ると、１位：居室・寝室、２位：玄関・勝手口、３位：廊下・縁側・通路、４位：トイレ・洗面所、５位：台所・調理場・ダイニング・食堂となっています（東京消防庁・２０２０年中）。生活のあらゆる場面に転倒リスクがあると考えたほうがよいといえそうです。

◎服用している薬にも要注意

　転倒を防ぐには、前項を参照に下半身の筋力をつけ、転倒しにくい脚を維持することが第一です。第二に、「階段に手すりを設置する」「滑り止めマットを敷く」などの転倒予防策を講じておくべきです。

　そして第三の注意点が、服用している薬です。高齢になると夜眠りやすくするために、**クリニックで安定剤を処方してもらう人が多いですが、安定剤には筋弛緩《きんしかん》作用があります。薬の作用で力が入らず、転びやすくなるのです。**

　深夜、トイレに行ったときに転倒事故が起きやすいのは、薬が影響している場合もあると考えられます。

　トイレに行く際や朝起きたときにふらつきを感じる人は、十分に注意してください。あるいは2日一度とか3日に一度に服用を減らして、なるべく薬を飲まないようにすることも検討してほしいと思います。

ホルモン減少の放置をやめる①
——人への関心が薄れるという問題

70代になったら、ホルモンの減少は無視できないようになります。

特に男性ホルモンが減少すると、性機能が衰え、性欲を感じにくくなるとともに、人付き合いを敬遠しがちにもなります。男性が女性に関心がなくなるだけでなく、人への関心自体が薄れてしまうのです。

その点、女性は閉経後に男性ホルモンが増えることがわかっています。だから、女性の場合は、むしろ人付き合いが盛んになっていきます。高齢者の団体旅行グループなどに女性の参加者が多いのは、ひとえに男性ホルモンが増えているからといえます。

つまり、男性ホルモンの減少は、男性のほうがより深刻な問題なのです。

男性ホルモンが減少すると、人付き合いが億劫になるだけでなく、好奇心や意欲が失われていきます。さらに、同じように肉を食べたり運動したりしても筋肉が付きにくくなります。加齢によって心身が衰えた状態になる「**フレイル**（虚弱）」にもなりやすいといえます。

男性ホルモンの減少は、長らく男性ホルモンに性的なイメージが付きまとっていたことから、あまり深刻な問題とみなされてきませんでした。

しかし、登山家の三浦雄一郎さんの主治医を務め、先頃92歳で亡くなられた熊本《くまもと》悦明《よしあき》先生は、男性ホルモンの重要性を訴え、「元気ホルモン」と呼ぶべきと主張されていました。

◎女性ホルモンの減少にも注意

女性ホルモンの減少は、肌の若々しさを失わせ、女性っぽさをなくしていく原因となります。

そしてもう一つ、**女性ホルモンの減少がもたらすリスクは骨粗しょう症**です。骨粗しょう症になっても、初めは自覚症状がありません。しかし、進行すると背中が曲がり、転倒やくしゃみなどで骨折しやすくなります。やはりホルモンの減少には注意する必要があるでしょう。

ホルモン減少の放置をやめる②
——肌や髪のハリつやを回復させる

70代になると、食生活やサプリだけで不足しているホルモンを補うのも限界があります。その代わり、ホルモンを薬で体内に補充するホルモン補充療法の効果は期待できます。

男性は男性ホルモンの補充療法を行うと、見違えるように元気になり、もの忘れが減ることもあります。

前述の三浦雄一郎さんは、実は76歳のときにスキーで転倒し、大腿骨と骨盤を骨折する大ケガを負っています。

入院中に筋力も低下し、トレーニングのモチベーションも低下してしまいましたが、熊本先生の勧めで男性ホルモンの一種であるテストステロンの補充療法を始めたといいます。

また、ＥＤ治療薬として知られる「シアリス」の服用も行い、回復に努めました。普段のトレーニングに加え、こうした取り組みが功を奏し、80歳にして見事エベレスト登頂を成功させたことは、皆さんもご存じの通りです。

◉クリニックで相談してから取り組もう

女性の場合は、女性ホルモンの補充療法によって、肌や髪のハリつやがよくなるなど、若返り効果があるほか、認知症の改善も期待されています。

日本では、ホルモンを補充することに抵抗を覚える人もいます。しかし、別に違法な薬を注入するわけではありません。

また、副作用を心配する声もありますが、これも現在の治療ではほとんど心配ないことがわかっています。ただ、ホルモン依存性のがんを患っている人は、補充療法を受けることができないなどの条件があります。クリニックで事前にきちんと確認してから取り組むことが大切です。

すべてが保険適用とはならないので、ある程度の費用はかかります。そのあたりは読者の判断しだいですが、私としては効果も不明な健康食品に大金をはたくくらいなら、ホルモン補充療法をおすすめします。

「美容」への無関心をやめる

日本では、若返りのために白髪染めや、シワ取りクリームを容認しているのに、美容皮膚科でシワを伸ばしたり、シミを取ったり、カツラを付けて薄毛を改善したりすることには抵抗感を持つ人が多いようです。

私にしてみれば、老化を食い止め若返りを追求する意味では、大差がないと思うのですが、美容医療に頼っていることを公言する人はまだまだ少数派です。

美容医療の分野は一昔前と比べてもかなり進化しています。ほうれい線を消す技術も、シワを伸ばす技術も向上しています。

一方で、世の中に流通しているシワ取りクリームには、効用が疑わしいものもあります。そうした商品にお金をかけるよりも、美容皮膚科でシワを伸ばしたほうが安全だし、確実な効果も得られます。

費用対効果で考えても、むしろリーズナブルな方法といえます。私だったら、美容医療に頼るほうを選びます。

◎見た目が若返れば心も若返る

例えば、ヒアルロン酸注射やボトックス注射を打つと、気になる肌のシワやほうれい線をピンポイントで改善できます。一度試して自分に合わないと思ったら、次から施術を受けなければいいだけのことです。

若返った見た目を鏡で見れば、確実に気分は高揚します。人と会うとか、外に出かけようとするモチベーションも向上するはずです。結果的に免疫機能が高まる可能性も大いにあります。

美容医療というと、女性だけの話であり、自分には無関係だと考える男性が多いようですが、男性が若返りの努力をしていけない理屈はありません。

私が強調したいのは、人間には自分が好きなように生きる自由があるということです。老いるに任せて生きるのが一つの選択肢であるように、生きている以上は若々しい見た目でいたいという選択も尊重されるべきです。年を取ったからという理由で、当たり前の自己決定を手放してはいけません。

「地味な格好」をやめる

ホルモンや前頭葉は、心のあり方と密接に関係しています。心がウキウキしているときにはホルモンや前頭葉も活性化します。逆に、気分が落ち込んでいるときにはホルモンや前頭葉の働きも低下してしまうのです。

心のあり方については、心理学の知見では内側から出てくるものではなく、外側から規定されるという考え方が主流になっています。

例えば、パイロットが制服を着れば「乗客を安全に運ぶ」という意識になりやすく、医者が白衣を着れば「患者の命を助ける」という使命感にスイッチが入る、といった具合です。

この原理にならえば、心がウキウキするような行動を取れば、自ずとホルモンや前頭葉の働きも活性化することになります。

心をウキウキさせる一つの方法は、見た目をよくすることです。いつもより

お洒落な格好をして外出すると、心が高揚するものです。明るい色づかいの若々しい服装をするだけでも、気分が若返ります。

高齢者だからといって地味な格好をしていると、心のあり方まで年寄りっぽくなってきます。不思議なことに肌がたるんできたり、猫背になったり、足取りが重くなったりするのです。

◎「若作りしすぎ」くらいでちょうどよい

「もう若くないし」というのはやめて、若々しい服装にチャレンジしましょう。人は、そこまで他人を見ていないのですから、まわりの目を気にしなくても大丈夫。「ちょっと若作りしすぎかな」と思うくらいで、ちょうどよいです。

色でいえば、赤やピンク、イエローやオレンジなどの暖色系を選ぶと気分が明るくなり、若返ります。**暖色系の色は男性ホルモンの分泌を促す効果もある**ようです。

シックな色づかいが好きで、どうしても明るい色の服装に抵抗がある人は、ネクタイやスカーフ、マフラーなどに明るい色を取り入れるだけでもＯＫです。

腸の不健康をやめる

ここから少し、食生活についてお話ししたいと思います。

老化に歯止めをかけるには、腸の健康が重要です。**腸は食物を消化・吸収する大切な器官であるとともに、人の免疫細胞の80%が集中しているからです。**腸が健康であれば、細胞に栄養素を行き届かせることができます。また、免疫力があれば、細胞を傷つける異物を排除し、修復してくれます。

逆に腸の状態が悪いと、全身に悪影響が及びます。例えば、便秘になって腸が毒素を排出し切れず、血液によって全身に運ばれると、肌がくすみがちになったり吹き出物ができたりします。

つまり肌は、腸の状態のバロメーター。肌ツヤがいいときは腸も元気である証拠。逆に肌荒れしているときは腸の状態が悪化していると考えられるのです。

◎ アレルギーのある食べ物にも注意

腸の健康を作る上では、アレルギーに注意する必要があります。アレルギーというと花粉症や卵などのアレルギーや鼻炎、喘息《ぜんそく》などが思い浮かびますが、それだけではありません。実は、自覚症状に乏しく長期化しやすいアレルギーもあるのです。

自覚症状がなくても、ほとんどの人は何らかの食品に、このタイプの慢性型アレルギーを持っています。症状が軽いので、気づかないうちに腸にダメージを与えていることがあります。

「この食べ物を食べると、体がだるくなることがある」「食べたあとに、なんとなく胸がムカムカする」という食材については、避けるようにしましょう。

意外にも、自分が好む食べ物がアレルギーを引き起こすケースがよくあります。心当たりがある食べ物は、控えたほうが賢明です。なお、慢性型アレルギーを正確に調べたい場合は、専門の医療機関で検査を受けましょう。日本では検査できる場所が限られているので、よく調べてから受診してください。

噛まない食べ方をやめる

あなたは普段、「噛《か》む」ことをどれだけ意識しているでしょうか。よく噛むことは、健康上のさまざまな効果をもたらします。

最大のメリットは、なんといっても脳機能を活性化する効果です。**ものを噛むとき、あごの筋肉である「咬筋《こうきん》」が働きます。咬筋は、三叉神経《さんさしんけい》（顔の感覚を脳に伝える末梢神経の一つ）を通じて脳とつながっています。つまり、ものを噛むと脳が刺激されるということです。**

また、上の歯と下の歯をしっかり合わせて噛むと、歯根膜《しこんまく》（歯の根っこと骨を連結させている薄い膜）が刺激され、これも脳を刺激します。

刺激された脳内では海馬の血流量が増え、活動的になります。よく知られているように、海馬は記憶形成と深くかかわっている器官にほかなりません。これが「**よく噛むと、脳機能が活性化する**」のメカニズムです。

実際に、高齢になって歯が残っていない人ほど認知症になりやすいことがデータ上からもわかっています。

◎ガムを噛む習慣も有効

よく噛む行為は消化を助け、胃腸の働きをよくする効果もあります。

また、唾液がたくさん出ることで殺菌効果が働き、虫歯や歯周病、誤《ご》嚥《えん》性《せい》肺炎や感染症の予防効果も期待できます。さらに唾液中に含まれるペルオキシダーゼとカタラーゼという酵素が、発がん性物質の毒性を消してくれるだけでなく、活性酸素を除去する働きをしてくれます。

噛むことは、お金をかけずにすぐできる健康法です。やらない手はありません。まずは一口30回、30秒かけて食べる習慣を身に付けましょう。

ほかにはガムの活用も有効です。私自身はガムを一日10粒ほど食べ、噛む力をトレーニングしています。

歯に不安を抱える人は、義歯やインプラントなど、しっかり治療をしておくことも大切です。

アルコールへの依存をやめる

コロナ禍では外飲みの機会は減少したものの、逆に家飲みをする機会が増え、酒量も増加したという人が多いのではないでしょうか。

自粛生活のストレスを抱え、一人で飲む場合、ついつい歯止めがきかなくなります。酒量が増えると睡眠の質は低下し、中途覚醒《ちゅうとかくせい》も増えます。不眠症や睡眠障害のリスクも高まります。

眠れないからといって深酒をしていると、ますます眠れなくなる悪循環を招きます。お酒に頼る習慣が続くと、アルコール依存症に陥る危険性もあります。

アルコールには、脳内のセロトニンを減少させる作用があるとされています。アルコール依存症からうつ症状につながる場合もあれば、逆にうつ病がきっかけでアルコール依存症になるパターンもあります。

アルコールは自殺とも関係しており、厚生労働省によると自殺者の3分の1

からアルコールが検出されているといいます。また、アルコール依存症の人は、そうでない人と比較して自殺の危険性が約6倍高いとされています。

◎自分の飲み方を振り返ってみよう

「自分は依存症なんてレベルではない」と思う人が多いでしょうが、診断基準の上では「**毎日、お酒を口にしたくなる人はアルコール依存症**」とされます。

日本は世界的に見れば、アルコールに寛容な国です。テレビでは缶ビールや缶チューハイの飲酒シーンのCMがこれでもかというくらい放映されています。どれだけ依存症に苦しむ人がいても、テレビ番組は絶対にアルコールの害を報じません。CMを出してくれるスポンサーに忖度しているからです。

そういった背景もあり、アルコールの危険性は軽視されがちですが、実は麻薬などと同じように怖い物だと知っておく必要があります。

私自身ワインをたしなんでいますし、アルコールは絶対にダメとはいいません。ただ、ご自身の飲み方が依存症的になっていないか振り返っていただければと思います。

第7章

ストレスフルな人間関係をやめる

孤独を恐れるのをやめる

70代後半になると配偶者との別れを経験し、一人暮らしをする人も増えることでしょう。「国民生活基礎調査」（２０２１年）によると、高齢者世帯のうち単独世帯が49・３％となっています。単独世帯は年々増加傾向にあり、これから一人暮らしの高齢者は確実に増えると予想されています。

単独世帯を男女別に見ると、男性は35・７％、女性は64・３％となっています。女性のほうが平均寿命が長く、夫が年上の夫婦が多いことを考えると、夫と死別した妻が一人暮らしになるというケースが一般的と考えられます。

ただ、当然ながら妻のほうが先に逝《ゆ》くケースもあります。この場合、気落ちした夫は急に元気をなくしてしまう恐れがあります。実際に妻を亡くした夫は余命が短くなるという調査結果も報告されています。

高齢男性には家事のスキルが低い人も多く、地域とのつながりも薄いため、一人になると、孤独のストレスに押しつぶされてしまうのかもしれません。

◎一人で楽しめるものを見つけておく

今、配偶者と元気に暮らしている人も、いざというときに備え、配偶者に依存せず一人で楽しく生きるための能力を身に付けておきましょう。

そもそも「一人だから寂しい」というのは単なる決めつけです。今の若者の中にも、「結婚や恋愛よりゲームやアニメを楽しみたい」という人が一定数います。彼らは自由な時間を謳歌《おうか》し、孤独を楽しんでいるわけです。

やむを得ず一人暮らしに突入したら、最初は孤独感にさいなまれるでしょうが、気持ちを切り替えて、残りの人生を楽しく生きることが大切です。

ポイントは「孤独は気楽だ」と開き直ってしまうことです。

そのためにも、一人になったときに元気になるための方法を見つけておく必要があります。「これをやったら元気になれる」という日課や趣味などをリストアップしておきます。運動でも語学の勉強でもなんでもＯＫ。できれば一つではなく複数持っておくとよいでしょう。

配偶者への依存をやめる

前項の繰り返しになりますが、配偶者への過度な依存は禁物です。

高齢者は現役世代とは違って、夫婦で過ごす時間が長くなります。これは、夫婦関係によって老後の生活が大きく左右されることを意味しています。

老いてから関係が悪化する夫婦にありがちなのは、夫が妻にべったり依存するパターン。夫が現役で働いている頃、妻は自分のペースで生活できていました。気の合う友だちと共通の趣味を楽しんだり、ときには旅行に出かけたりしていました。ところが、夫がずっと家にいると、急に生活が不自由になります。

今の時代は、妻がいないと何もできない夫ばかりではないでしょうが、やはり高齢者の場合は、家のことはほとんど妻に頼ろうとする夫が多数派でしょう。

また、妻が出かけようとすると、一緒についていこうとする夫もいます。妻は自由が奪われると大きなストレスを抱えます。ストレスが積み重なるとうつ病になる危険性もあります。

◎ 別行動の時間を作る

夫婦には、ほどよい距離感が必要です。円満な夫婦生活を送るためには、物理的に一緒にいる時間を減らすことが効果的でしょう。

一人が自宅で過ごす場合は、もう一人が最低数時間は外出します。もちろん二人同時に別の場所に外出するのも大賛成です。仕事やボランティアに取り組むのもよいですし、ランチを兼ねてちょっとした外出をするのもよいです。**夫婦で異なる趣味を見つけるのもおすすめです。別々の趣味を楽しめば、必然的に別行動ができるようになります。**

映画鑑賞も、無理に配偶者の趣味に合わせようとせず、別の作品を楽しめばいいのです。夫婦で別々に旅行をするのもよいですね。それぞれが行きたい人と行きたい場所に出かければ、きっと充実した旅行になるはずです。

いずれは、本当に助け合わないと行動できなくなるときがやってきます。それまでは一人の時間を尊重しましょう。

孤立するのをやめる

孤独を恐れないことは大事ですが、「孤独を楽しむこと」と「孤立すること」は違います。

孤立すると極端に前頭葉を刺激する機会がなくなり、一気に老化してしまいます。あえて人間関係をシャットアウトするのはやめましょう。

今、友だちが少ないからといって不安に思うことはありません。もちろん、反りが合わない人と無理に付き合わなくても大丈夫。気の置けない友人がいれば、その人との関係を長続きさせればよいのです。

もっというと、親友は一人いれば十分。本音を言える人が一人でもいれば、幸せに生きていくことはできます。

私がおすすめするのは、知り合いを作ることです。知り合いは、友だちよりも淡い付き合いをしている人を指します。

例えば、散歩しているときに必ず挨拶をする同年配の人とか、喫茶店でちょっと話をする店員さんといった人たち。あるいはSNSでつながり、顔と名前は知っている程度の人も含まれます。

連絡先すら知らない人もいますから、ふとしたきっかけでもう会えなくなるかもしれない不安定さがあります。その分、お互いにいつでも関係をストップできる気楽な付き合いでもあるわけです。

◉知り合い作りにチャレンジ

知り合いとちょっとした会話をすると、自分の知らなかった世界を垣間見ることができます。人から直接教えてもらう情報は、貴重な一次情報です。

知り合いの数を増やすためには、ちょっとした行動をする必要があります。お店の人に話しかけてみる、SNSでつながった人とネット上で会話してみる、などです。気が合いそうだったら淡いつながりを作り、合わなそうならすぐに身を引く。それを習慣づければ、きっと素敵な知り合いが見つかるはずです。

「しゃべらない生活」をやめる

人との会話は前頭葉を刺激し、認知症の発症や進行を遅らせます。定期的に人と会話をする機会を持ちましょう。

会話をするとき意識したいことを二つ、お伝えしましょう。

一つは、自分の考えをアウトプットしていくこと。「最近面白かったドラマ」「感動した本」「おいしかった食べ物」など、話題はなんでもOK。**日常で経験したことや感じたことをおしゃべりすれば、脳は活性化されます。**

二つは、嫉妬や恨み、不満などのマイナス感情は口にしないこと。もちろん誰でもマイナス感情を抱くことはあるでしょうが、あえて口には出さず「やめておこう」と自重するのです。

マイナス感情から言葉を発すると、「いつも愚痴っぽい発言をしている人」というレッテルを貼られてしまいます。周囲の人から遠ざけられ、孤立してしまうリスクも高まります。

　マイナスの感情を持ったときは、実際に口に出したらどうなるかを想像してみましょう。相手の立場に立って想像すれば、「みっともないからやめておこう」と思いとどまることができます。

◎マイナスの会話とは距離を取る

　逆に、他人のマイナス感情からはできるだけ距離を取りましょう。不機嫌で文句ばかりいう人の近くにいると、自分までイライラしてきます。マイナスの感情にはパワーがあり、伝染しやすい特徴があります。

　おしゃべりをしているとき、相手が悪口や不満を言い始めたら、加わらないようにします。「それは間違っているんじゃないの」「そんな考えはよくないよ」などと指摘するのもやめておきましょう。相手のマイナス感情を真正面から受け止めることになるからです。

　マイナスな発言を耳にしても「あー、そうなんだね」「私はよくわからないけど」などと、軽く受け流すのが賢明です。

対人関係の我慢をやめる

前述したように、話し相手がいたほうが認知症になりにくく、適度な人間関係は長生きの秘訣といえます。

とはいえ、無理をして嫌な人と付き合っていると、大きなストレスが生まれます。対人関係の我慢によって生まれたストレスは、うつ病をはじめとするさまざまな病気を引き起こします。

また、自律神経のバランスが崩れ、内臓機能を活性化させる副交感神経の働きを妨げます。そして食欲不振や血行不良、免疫機能の低下などの悪影響をもたらしてしまうのです。

ですから、対人関係の我慢をやめましょう。

若い頃は、職場や取引先に嫌な人がいても、やむを得ず付き合うことが多かったかもしれません。ある程度我慢しなければ、世渡りが難しいのがビジネスの世界です。

しかし、**75歳になったら、あえて我慢をする必要はありません。嫌な人を遠ざけても特に問題なく生きていけます。**

◎自分が好きなように生きるのが基本

我慢して不本意な人間関係を続けたところで、何一つ得るものはありません。嫌な相手が気持ちよく生きていけるだけです。嫌な相手が気持ちよく生きていく代わりに自分が病気になったとしたら、割に合わないと思いませんか。

相手の考え方や行動などは変えようがないですから、相手の変化に期待するのも時間のムダです。

だったら、**自分の生きたいように生きるべきです。好きな人とだけ付き合って、心身ともに穏やかに暮らすのが一番です。**

私が知っている高齢者は、配偶者を亡くしてからあえて人付き合いをせず、一人気ままな生活を送っています。動画配信サービスに加入し、好きな映画を存分に鑑賞し、疲れたら眠るというサイクルで、日々楽しく生きているそうです。

自立へのこだわりをやめる

高齢者は「子どもたちにはなるべく世話になりたくない」「できるだけ人の手を煩《わずら》わせないようにしたい」といった言葉をしばしば口にします。

もちろん「一人でできるうちは他人の手を借りずに一人でやる」というのは立派な心掛けです。あえて否定するつもりはありません。

けれども、いずれは一人では生活がままならない段階を迎えます。足腰が弱ってきたら、無理をせず、人に頼る生活へとシフトしていきましょう。

まずは、公的な福祉サービスを利用しましょう。

これまで社会人としてきちんと納税してきたのですから、福祉サービスを利用することは当然の権利です。

もっとも、自分が払ってきた税金をサービスで返してもらっている、費用を負担してサービスを受けているという意味では、福祉サービスの利用も自助努力のうちに入ります。本当の意味で人に頼っているというのとは違います。お金でサービスを買うだけでなく、もっと素直に他人に頼ってもいいのではないか、と私は思うのです。

◉ 相手にお返しすることも大事

例えば、子どもに「一人で歩くのが怖いから、病院に付き添ってほしい」と頼むのもよいですし、近所の人に「買い物のついでに○○を買ってきてほしい」と頼むのもよいでしょう。頼みごとをしても受け入れてもらえる関係を作っておくのが理想です。

人に頼ったときには、かわりに自分には何ができるかを考えます。

お礼にちょっとしたお金を渡すのも一つの方法ですし、自分が培ってきた知識や経験を伝える方法だってあるでしょう。場合によっては、丁寧に感謝の言葉を伝えるだけでも相手の心は満たされるかもしれません。

頼らない努力をするだけでなく、頼ったときにお返しするものを作る努力を、考えてみてほしいのです。

「子どもの言うことを聞く」のをやめる

子を持つ人が75歳になったら、子どももそれなりの年齢になっているはず。もう子どもを甘やかしたり、逆に甘えたりする関係はやめましょう。子どもがからむと、高齢者が幸せになれないケースがあります。

例えば、資産を持つ人が配偶者と死別し、しばらくしてから再婚しようと考えたとします。こんなとき、子どもたちは大概《たいがい》、「そんなの財産目当てに決まっている！」と猛反対します。逆に、資産がない人が再婚しようとすると、子どもたちは「よかったね。二人で幸せに暮らしてね」と歓迎してくれます。

つまり、**資産を持つ人のほうが幸せな選択ができないことになります。私はこの現象を「金持ちのパラドックス」と呼んでいます。**

欧米では、こんなパラドックスに悩む人はいません。資産があってもなくても、再婚したい人は自分の意思で再婚しています。

いくら反対されても、自分の気持ちに従って再婚を断行すればよい、と私は思います。子どもは「財産目当て」と非難するかもしれませんが、仮にその通りだとしても、きちんと最期まで看取らなければ財産が再婚相手には転がり込まないわけです。

一人寂しく老後を過ごすよりも、自分と一緒に生活してくれる人がいたほうがずっといいと思うのです。

◉ 第一にすべきは「後悔しないこと」

再婚を反対した子どもが、かわりに面倒を見てくれるかというと、そんなことはありません。親の幸せよりも、自分が手にする相続財産を重視するような子どもが、親の面倒を見てくれると考えるのは甘いような気がします。

もちろん子どもと友好な関係を築いている人は、あえて距離を取る必要はないのですが、とにかく第一にすべきは、自分が後悔のない人生を送ることです。

子どもの言うことを聞いて、後々「こんなはずじゃなかった」ということがないようにしてください。

上下関係で考えるのをやめる

私はこの本で、高齢者に個人主義をすすめています。高齢者は若い人たちに遠慮する必要はないですし、「迷惑をかけてはいけない」と萎縮《いしゅく》する必要もありません。自粛《じしゅく》であれ免許返納であれ、空気に従わなくても大丈夫です。医者から言われたことも、間違っていると思ったら拒否すればよいのです。

そのかわり、自分も偉そうに価値観を押しつけてはいけません。

年長者・先輩であることをタテに、年下の人や後輩に対して理不尽に威張ったり、無理に従わせたりするのは恥ずべきことです。

私も、一部の企業や団体が厳しい上下関係のルールで成り立っているのは知っています。また、そうした関係を好み、上下関係の厳しい組織に所属したがる人がいるのも理解はします。

それでも、上の立場にある人が理不尽に威張ることにはどうしても抵抗があります。上の人たちが大きな顔をしている組織には限界があると考えています。

◎総理大臣にも医者にも、へこへこするな

上司の言うことや医者の言うことを素直に聞く人の一部は、逆に自分のほうが上だと思うと、急に横柄《おうへい》な態度を取ることがあります。つまり、規範意識や秩序意識が強い人、真面目な人ほど上下関係で物事を考えるわけです。

でも、**75歳にもなったら、そんな上下関係など無関係です。**

仕事をリタイアしている人は、もう職場の上下関係など気にしなくても普通に生活できるはずです。仮に相手が総理大臣や国会議員だからといって、自分がへこへこする必要はないのです。

私は映画を撮っているので、スポンサーには頭を下げますが、特に貸し借りの関係がない人に頭を下げることはありません。医者と患者も対等であり、仕事関係の若者とも、自分の娘たちとも対等だと思っています。

偉そうにしても、みんなから嫌われて寂しく人生を終わるだけ。まわりの人とフラットに接することを心掛けましょう。

空気を読むのをやめる

高齢になっても自由に生きられない人が多いのは、社会の無言の圧力を感じているからです。言い方を変えれば、世間体を気にして萎縮しているのです。日本社会は、同調圧力が強いとされています。同調圧力とは、集団の中で少数意見を持つ人が、多数派と同じような意見を持たなければならないと暗黙のうちに強制されること。「空気を読め」という言葉が使われがちなのは、まさに同調圧力の強さを裏付けています。

日本では、まわりの人たちがサッカーの日本代表を応援しているときに、「日本が負けてもいい」とは言い出しにくい雰囲気があります。俳優が不倫スキャンダルで猛バッシングを受けているときに「不倫なんて家庭の問題だから、仕事の質だけを評価すればいい」とは発言しにくい空気もあります。世の中のモラルや常識は、常に私たちを縛り付けています。

また、たとえまわりから無言の圧力を掛けられていなくても、人間は多くの人が言っていることに同調してしまう習性があります。

◎「他人がどう見ているか」なんて関係ない

しかし、何事も我慢して世間の空気に従っていたら、人生は味気ないものになってしまいます。自分で考えて行動できないまま一生を終えてしまって、本当に後悔しないでしょうか。

空気を読むとき、私たちは「他人がどう見ているか」を意識しています。本当に優先すべきは、他人からどう見られるかではなく、自分はどうしたいのかです。自分が納得できる行動を取ればいいのです。

もう70年以上生きてきたのですから、他人からどう思われても今さら社会に居場所がなくなる心配はありません。最も大切なのは、自由にのびのび楽しんで生きることです。

自分の人生なのですから、どんな生き方を選ぶのも自由です。最後に悔いが残らない判断をしていきましょう。

第8章

無理する
のをやめる

認知症を恐れるのをやめる①
――「ただの老化現象」と知る

昨今は認知症に関するネット記事や書籍などがたくさん出ており、社会で認知症への理解が進んできているのを感じます。それだけ日本では高齢者の数が増え、認知症が身近な病気になってきたということなのでしょう。

とはいえ、まだまだ「認知症＝怖い」というイメージが強いようです。太陽生命保険が実施した意識調査によると、最もなりたくない病気の1位は認知症（42・6％）。2位のがん（28・7％）を大きく上回っており、年齢が上がるにつれ「認知症になりたくない」と考える人が増えることがわかりました。

認知症を知らない人ほど、「認知症になったら何もできなくなり、人生が終わってしまう」「家族やまわりの人にも迷惑をかけるだけだ」と思い込んでいます。そして、いざ自分が認知症と診断されると絶望し、家族も「あれは危ないからダメ、これもやっちゃダメ」と取り上げてしまいがちです。

認知症になっても、まだまだできることはたくさんあるのに、病気と診断された途端に奪われてしまってよいのでしょうか。

そんな不幸を招かないためにも、あなたには認知症について最低限の知識を身に付けてほしいのです。

◎認知症は、「ただの老化現象」

認知症は誰にでもなる可能性があります。現在の医学で認知症を回避することはできません。

85歳の人に認知症の診断テストをすると、約4割の人は認知症と診断されます。90歳以上になると6割を超えます。テストで診断されたからといって、会話が通じないわけではありません。

私が勤務していた浴風会病院で高齢者のご遺体を解剖した結果、85歳を超えたほぼ全員にアルツハイマー型認知症の所見が見つかりました。つまり認知症は、ただの老化現象。認知症にならない対策も大事ですが、「なってから」について考えることも大切です。

認知症を恐れるのをやめる②
——三つの症状を理解する

では、認知症になると、いったいどのような変化を経験するのでしょうか。

最初に直面する症状は「もの忘れ」。その次に「失見当識《しつけんとうしき》」が起こります。失見当識とは、場所や時間がわからなくなる症状。道に迷ったり、夜中に起き出して出かけようとしたりします。**その後に出てくるのが「知能低下」**です。会話が理解できなくなる、本の内容が頭に入らなくなるといった症状です。

認知症は、このような段階をたどりつつ、10年くらい（もっと長いこともあります）の時間をかけて少しずつ進行します。家族や本人も気づかないくらいゆっくり変化していくわけです。

つまり、認知症になったからといって、当面は日常生活に困らないのです。

「認知症になったら運転なんてとんでもない」と考える人が多いですが、軽度であれば通常は運転ができます。今の法律では認知症になった人は免許が失効、停止されてしまいますが、そんなことをしていたら、家に閉じこもった高齢者の認知症が急激に進行し、介護費用も大きく膨らむことでしょう。

◎アメリカ大統領も認知症だった

軽度の認知症なら、運転などは当たり前にできます。アメリカのレーガン元大統領は退任から５年後の１９９４年にアルツハイマー型認知症の患者であることを公表しました。その時点では会話もまともにできない状態でした。

病気の進行速度を考えれば、５年前の在任中から恐らく記憶障害はあらわれていたはずです。息子の回顧録では、１期目の最後のほうにはすでに異変が見られていたそうです。それでも、大統領の仕事を全《まっと》うしていました。言い方を変えれば、軽度の認知症患者でもアメリカ大統領が務まるわけです。

末期になれば、確かに人の顔もわからなくなってくるわけですが、軽度から重度まで幅がある病気なのです。だから、**「認知症になったら終わり」「普通の生活はできない」なんて絶対に思わないでください。**誰になんと言われようと、できることはやり続け、頭と体を使い続けてほしいのです。

認知症を恐れるのをやめる③
——実は「幸せな病気」の一面も

人は認知症になっても、それまでに培ってきた知恵を保持しています。例えばクルマが近づいてくれば恐怖を感じて避けようとします。私は多くの認知症患者を診てきましたが、クルマにはねられた人もいなければ、ケガをした人もいないくらいです。また、まわりの人とトラブルになるのを避けようとする本能が働くため、誰にでも敬語を使い、丁寧に接するようにもなります。

生活の知恵を保持しつつも、嫌なことは忘れられる。そう考えると、認知症は不幸な病気というより、幸せになれる病気と思えてきませんか。

嫌なことを忘れるどころか、嫌なことを感じない人もいます。私が認知症の病棟で患者さんを診ていたときに、大腿骨頸部骨折をしているにもかかわらず、普通に歩いている人がいました。まるで麻酔が効いているかのように、痛みの感覚が鈍くなっていたのです。

◎最後は本能に忠実になる

私が浴風会病院に勤務していたとき、保健所からの要請で一人暮らしのお年寄りのお宅を訪ねることがありました。

近隣の住人から「徘徊しているおばあちゃんがいる」「ものすごい悪臭がする家がある」などとクレームが寄せられ、私のような医師が派遣され、診断をつけて施設や病院に移ってもらうのです。

行ってみると部屋の中はゴミと便だらけ。ゴキブリもたくさん這い回っているのですが、本人は何食わぬ顔をしています。そんな環境でも、眠たくなったら寝て、お腹が空いたらコンビニで買ってきたお弁当を食べて生きています。それを見て、悲しくなるよりも、むしろ「たくましいな」と感心しました。

赤ちゃんがいつもニコニコしているように、認知症になった人は最終的にニコニコしてきます。ストレスや人間社会の刷り込みから解放され、本来の自分を取り戻したかのようです。

人は最後に、本能に忠実に生きるようになるだけなのかもしれません。

「脳トレ」にこだわるのをやめる

高齢者が認知症の進行を遅らせるために「数独《すうどく》」や「100マス計算」などの脳トレに取り組むという話をよく聞きます。

好きで取り組んでいる人に、あえてやめろとはいいません。ただ、「特に興味はないけど、脳トレを始めたほうがいいでしょうか？」と聞かれたら、「別にやらなくてもいいです」とお答えしています。

仮に、軽度の認知症の人が毎日脳トレを継続すれば、点数は上がっていくと思います。それを見れば、「脳トレの効果が出ている」「認知機能は向上している」と本人も家族も喜びます。

けれども、別の認知機能テストを行ったときに、点数が上がるわけではありません。これは脳トレを続けて点数が上がったのは、慣れたから成果が出たということ。本当の意味で認知症の改善につながっていないと考えられるのです。

◉ 興味があることを楽しみながら行う

アメリカの著名な総合科学誌『ネイチャー』や医学会雑誌『ＪＡＭＡ』に、脳トレの効果に関する海外の研究結果が発表されています。

その一つがアラバマ大学のカーリーン・ボール氏による研究結果です。２８３２人の高齢者を対象にした研究であり、「言語を記憶する」「問題解決能力を上げる」といったトレーニングをさせた結果、練習した問題の点数は上がるものの、それ以外の認知機能はまったく上がらないことがわかったのです。

認知症の進行を遅らせるのに最も効果的なのは、興味があることを楽しみながら行うことです。

「今日は正答率が低かった」「やめると認知症が進む」などとストレスを感じながら嫌々脳トレに取り組んでもつらいだけ。「一日〇ページ」などとノルマを課してトレーニングするのも感心しません。

それよりは、好きな趣味などで楽しく脳や体を動かすほうがよほど前頭葉を刺激します。できる限り楽しいことを続けましょう。

ハードな運動をやめる

元気な80代を迎えるために、70代のうちから意識しておきたいのが運動機能の維持です。70代のうちは、まだ体の自由がきく人が多いはず。ここで運動習慣を身に付けておけば、80代以降も運動機能を保ちやすくなります。

とはいえ、無理に激しい運動をする必要はありません。70代になってもダイエットのために一日中スポーツジムで体を動かしたり、数時間近くも走っていたりする人がいます。

最初は健康目的で始めたはずなのに、いつの間にかハードな運動が目的になってしまう。これでは本末転倒です。**75歳になったらハードな運動は禁物です。ハードな運動をすると、足腰や膝を傷めてしまう恐れがあります。**

また、ハードな運動は体を酸化させ、さび付かせます。さまざまな細胞が傷つけられ、老化を早める要因になってしまうのです。アスリートのように限界寸前までハードな運動をすると体に悪いというのは、よく言われている話です。

◎最も手軽にできるのは「散歩」

運動をするなら、自分にとって無理のない、ラクだと思える範囲で行うのが基本です。最も手っ取り早く誰でもできる運動が１３３ページでもお話しした「散歩」です。散歩は自分のペースで継続的に行うことができます。

あるいは、できるだけエレベーターやエスカレーターに頼らず、階段を使って足腰を鍛えるのもよいでしょう。私は特に下りの階段を活用しています。下りに使う筋肉のほうが上りに使う筋肉よりも先に衰えるからです。

駅や商業施設を利用するときに階段を見たら、チャンスだと考えてください。ただし、手すりなどを使って、くれぐれも転倒には注意しましょう。

高齢者の中には水中ウォーキングに取り組む人もいますが、これもいい運動といえます。水中は浮力があるので、ケガのリスクが抑えられます。

もちろんジム通いも結構ですが、自己流はケガのもと。できればトレーナーの指導を受けながら取り組むのが理想です。

ダイエットをやめる

70代になっても中年と同じような感覚でメタボを気にしてダイエットに励むというのは間違っています。

肥満や低体重の判定に使われる指標にＢＭＩがあります。

これは体重（kg）÷身長（m）の2乗で算出される値です。

日本肥満学会では次のような基準を定めています。ＢＭＩ18・5未満＝低体重（やせ）、18・5以上25未満＝普通体重、25以上＝肥満。肥満は、さらに「肥満1」から「肥満4」に分類されます。これをもとに、健康診断などではＢＭＩ18・5～25に収まるように指導が行われます。

ところが、世界的な統計ではＢＭＩは25を少し超えているくらいのほうが長生きできることがわかっています。

例えば、アメリカで29年にわたって追跡した国民健康調査では、「太り気味」とされるBMI25～29・9の人が最も長生きであることが示されました。
一方で、18・5未満の「やせ型」の死亡率はその2・5倍も高かったのです。
日本でも、男女ともにやせ型の人のほうが、やや肥満の人と比べて6～8年短命であるという調査結果が発表されています。

◎太めの人のほうが長生きする!?

少々太めの人が長生きすることがデータからも明らかになっています。裏を返せば、健康診断を受けてメタボだと診断され、医師の指導に従って素直にダイエットに励んだ結果、寿命を縮めている人がいる、ということです。

私も臨床現場でたくさんの高齢者を診てきましたが、元気な高齢者にはふっくらしているという共通点があります。

見た目でいっても、ふっくらした人はシワも目立ちませんし、肌もツヤツヤしているので実年齢よりもずいぶん若く見えます。

食べることが好きならば、我慢をせずに食べましょう。少々ぽっちゃりめでもいいと思えば、罪悪感を持たずに食べられます。

「車いす・オムツの拒否」をやめる

高齢になって歩くのが難しくなった人には、杖を使う方法がありますし、車いすという移動手段もあります。しかし、こういった道具に頼ることに拒否感を示す人が少なくありません。

理由を聞くと、「いかにも年寄りっぽい」「一度使ったら、もう自分で歩けなくなる」といった答えが返ってきます。

高齢者用品に頼りたくないという気持ちはわかります。しかし、頑《かたく》なに拒否した結果、どこにも行けず家に引きこもってしまうのはもったいないのです。**杖も車いすも、一度使えば快適さに気づきます。歩行中の転倒の心配も軽減されます。こうしたメリットを実感することで、抵抗なく道具を使えるようになるケースが大半です。**

私の母は90歳を超え、大腿骨頸部骨折を二度経験しており、現在はかろうじて歩くことができるような状態です。ときどき車いすに乗せてあげると「これはラクやな」と喜んでいます。

先日、私が羽田空港を利用したときには、自動運転型パーソナルモビリティー（自動で移動できる介助者不要の車いす）が導入されているのを見つけました。便利そうで、私も乗りたくなったほどです。

◎ 素直に「道具」に頼ろう

オムツの使用も同様です。実際につけてみると、「思ったより快適」「外出先でも安心」と感じる人がほとんどです。

オムツを着用すれば、「外出先で漏らしたらどうしよう」という不安が解消されます。それによって積極的に外出しようという気持ちになれるかもしれません。しかも日本のオムツは高性能ですから、使わない手はありません。

老いを素直に受け入れて、道具に頼る。そうすれば、好きなところに行け、できることも増えます。75歳からの人生を幸せに生きていくには、変化や未知の物をポジティブに受け入れるかどうかで決まるのです。

「睡眠時間へのこだわり」をやめる

高齢になるにつれ、睡眠ホルモンであるメラトニンの分泌が減少し、睡眠は浅くなる傾向にあります。寝付きが悪くなったり、夜中に目覚めてしまったりすることもあるでしょう。

睡眠が不足し、睡眠の質が低下すると、セロトニンなどの脳内の神経伝達物質の働きも低下しますし、免疫力も低下していきます。ですから、「質のよい睡眠を十分に取れば、健康になれる」というのは確かにその通りです。

アメリカのジョンズ・ホプキンス大学が行った調査によると、睡眠時間6時間以下の人は脳内にアミロイドβタンパク質の沈着が多くなり、7時間以上の人は少なくなることがわかっています。

脳内にアミロイドβなどの老廃物が溜まり、神経細胞が死滅するのがアルツハイマー型認知症のメカニズムです。つまり、睡眠時間を7時間確保すれば、

認知症を遠ざけられるわけです。

◎「早寝早起き」でなくていい

ただし、「健康のために睡眠をしっかり取らなければ！」と気負いすぎると逆効果です。眠れないというストレスを抱えると、かえって体に悪影響が及びます。森田療法では、不眠に悩む患者に「眠ろうと思うから、余計眠れなくなる。無理に眠ろうとしなくてよい」と伝えています。

高齢者は、眠れなかったからといって日常生活に支障を来すことも少ないと思います。特に仕事をリタイアしている人は、朝早く起きる必要もありません。

夜眠れなかったら、昼寝をすればいいだけのこと。

早寝早起きという強迫観念にとらわれず、自由に生きることができるのです。ちなみに私は毎日30分〜1時間程度、昼寝をする習慣を持っています。

睡眠導入剤に頼ることもおすすめしません。137ページでもふれましたが、薬を飲んで寝ると、起き上がるときにふらつき、転倒や骨折のリスクがあることも知っておきましょう。

終章

75歳から
これだけは！
やっておきたい
6つのこと

①「残存機能」を使おう

70代のうちは元気な人でも、80代になれば要介護リスクは一気に高まります。80代前半の要介護・要支援の発生率は約3割。これが85歳以上になると6割まで上がります。油断はできません。

少しでも要介護になるのを遅らせたいなら、やはり頭と体を使い続けることが一番です。

頭を使うためには、すでにお伝えしてきたように、勉強や新しいことにチャレンジしたり、好きなことに取り組んだりすることが大事です。

体を使うという意味では、**「今歩けているのなら、明日も歩き続ける」「今運転できているなら、明日も運転を続ける」という継続が不可欠です。**

80代前半で急激に衰える人の大半は、80歳になったのを理由に歩いたり運転したりするのをやめてしまった人です。病気やケガで動きたくても動けなくなったならともかく、なんとなく動かない生活を続けるうちに動けなくなったというのは、もったいない限りです。

高齢になると使わない機能はあっという間に衰えます。とにかく「できることは明日も続ける」という意思を持ちましょう。続けているうちは、それなりに機能は保たれます。

◎残っている機能で、勝負する

とはいえ、いずれは老いに抵抗できなくなる瞬間が訪れます。その場合は、衰えを受け入れた上で、「**残存機能**（残っている機能）**で勝負する**」という発想を持ちましょう。

足腰は弱っても、頭がしっかりしているなら頭を使う。逆に、頭が弱ってきても、足腰が動く限りは足腰を使い続けるのです。

パラリンピックに出場する選手たちは、元気な機能に関しては健常者をはるかに凌《しの》ぐ力を発揮しています。パラアスリートに学んで、残っている機能を少しでも維持し、活躍させましょう。

②人からどんどん教えてもらおう

何歳になっても「わからないから教えてください」と頭を下げる姿勢が大切です。

人生経験豊富な70代には「人に教えを請う」という発想への切り替えが難しいかもしれません。しかし、自分を「初心者」「素人」だと受け入れられるかどうかで、人生の充実度が大きく変わってきます。

特にこれからの時代は、ますますスマホやパソコンなどの操作に習熟しているかどうかが問われる時代です。

例えば、コロナ禍以前は人と人とが直接会うのが当たり前でしたが、今ではＩＴツールを使ってコミュニケーションを取る機会が増えています。子どもや孫とやり取りするにも、Ｚｏｏｍ《ズーム》やＬＩＮＥ《ライン》などを使いこなす必要があります。頑なにインターネットを拒否していたら、孤立してしまいかねません。

この先、ITスキルがあれば自宅に居ながら買い物や医療機関の受診などもできるようになるはずです。このような状況下で、「わからないことはやらない」「教えてほしいと言えない」人は非常に苦労します。

◎素直に頭を下げるのが一番

また、昨今はキャッシュレス化が急速に進展しています。いつまでも現金払い一辺倒の人は、買い物や食事ができる店が限られる可能性もあります。

便利で豊かな暮らしを維持するために必要な知識は教えてもらうのが一番です。昔は、年上の人が知識や経験に長《た》けているというのが常識でしたが、インターネットは若者のほうがはるかに精通しています。

素直に「教えてください」と謙虚な姿勢を示せば、気持ちよく教えてもらえるはずです。教えてもらうときのポイントは、途中で独り合点せず、最後まで相手の話をよく聞くことです。

教えてもらった知識はすぐに実践しましょう。相手に「教えがいがある」と思ってもらえます。そして感謝の言葉を口にすることも忘れないでください。

③「笑い」のある生活を送ろう

人間の体には、健康な人でも一日に３０００～５０００個のがんのもとになる細胞が生まれているとされています。にもかかわらず、全員ががんになるわけではありません。免疫細胞の一つであるＮＫ（ナチュラル・キラー）細胞の作用で、このような細胞を見つけしだい攻撃してくれるからです。

ＮＫ細胞の働きが活発な人ほど、がんにかかりにくいといわれています。

このＮＫ細胞の働きは、精神状態と大きく関係しています。ストレスが多くなるとＮＫ細胞の働きは低下し、がんにもかかりやすくなります。

反対に、毎日楽しく暮らしている人はＮＫ細胞が活性化し、がんを遠ざけます。「十分な睡眠をとる」「体温を下げない」「適度な有酸素運動をする」などがＮＫ細胞を増やすとされていますが、中でも効果が高いのは「笑うこと」です。各種の調査でも、この事実が証明されています。

◎笑うことの効用は、たくさんある

ほかにも、笑うことはさまざまな効用をもたらします。まず、笑うと脳の海馬が活性化され、記憶力がアップします。前頭葉や後頭葉の血流も増えるので、頭の働きがよくなります。

ほぼ毎日笑う人と比べて、ほとんど笑う機会がない人は、認知機能が低下するリスクが2倍以上高いという調査結果もあります。

また、笑うと自律神経の副交感神経が優位になり、リラックス効果がもたらされます。血圧が下がったり肩こりが緩和されたりする効果もあるようです。そして、笑うと血流も促進され、新陳代謝もよくなります。

だからこそ生活の中で笑う機会をたくさん作りましょう。

84ページでお伝えしたように、高齢者はテレビのバラエティ番組ではほとんど笑えないと思います。テレビを見るよりは、寄席に通ったり昔の演芸のDVDを見たりするほうがよいでしょう。今の時代はYouTube《ユーチューブ》で笑えるコンテンツを見つけることもできます。

④お金を使って「社会貢献」しよう

今は、親が90歳を過ぎ、子どもが60代で相続を迎える家庭も多いことでしょう。その場合、子ども自身も住宅ローンを完済していて、孫も自立して教育費の負担がなくなっている可能性が高いといえます。つまり、そこまで財産の継承は切実な問題ではありません。

一方、日本では個人金融資産の6割超を60歳以上の世代が保有しています。この中には寝たきりや認知症でお金を使えない高齢者もいます。最終的には国庫に回収されるお金も少なくありません。

しかも、消費低迷による不景気が30年近くにわたって続いています。景気を上向きにさせるために、消費の活性化が求められています。

そういった諸々を踏まえると、**高齢者にとって最大の社会貢献は、実はお金を使うことにほかなりません。**

◎ 我慢をせずに、お金を使う

お金の使い方は自由ですが、立派なお墓を立てるといった使い方には賛成できません。なにしろ、これだけ少子化が切実になっている時代です。かなりの確率で、いずれ無縁仏になるのが目に見えています。

お墓に1000万円を投じるなら、生まれ故郷の学校に寄付をしたり、奨学金制度の基金にしたりしたほうがいいと思います。「○○文庫」「○○奨学金」といった名前をつけてもらえば、後世の人からいつまでも思い出してもらえますし、感謝と敬意を受け続けられます。

あるいは、一流のエンターテインメントや一流のアート、一流のサービスなどにお金を使って感動を得るのも素晴らしいことです。

私自身はワインを趣味にしており、ときどき親しい知人を招いてワインを振る舞うことがあります。一人で飲むより大勢で飲んだほうが楽しいですし、いいお金の使い方をしたな、と思えます。

とにかく自分のために我慢せずお金を使いましょう。

⑤いろいろな可能性を考えよう

年齢を重ねるにつれ、私たちは自分なりの考え方を固めていきます。決して悪いことではありませんが、「自分の考え方が絶対に正しい」と考えるのはやめましょう。

自分の考えが正しいと考えている人は、他人にも同じ考えを押しつけようとします。正しいと信じているからこそ、ためらいなく押しつけてしまいます。**自分の正しさを押しつけると、他人を不愉快にさせるだけでなく、傷つけてしまいかねません。本当に成熟した高齢者は、自説にこだわりません。**世の中に正解は一つというわけではなく、いろいろな可能性があることを知っているからです。

正解が一つであると考える人は、「答え」に到達した瞬間から、それ以上考えようとしなくなります。せっかく人間が持っている考える能力を放棄するなんて、もったいないことです。

私自身、物事に対して自分なりの見解は持っていますが、あくまで現時点での答えだと認識しています。もちろん、自説を他人に押しつけて屈服させようなどとは思いません。最終的に、どの意見を選択するかは個人の自由だと考えています。

◎人生の正解は一つではない

一つの答えにこだわる人は、答えを見つけて安心しようとします。

だから、わかりやすい識者のコメントなどを耳にすると自分が賢くなったように感じ、満足してしまいます。けれども、本当の勉強はそこからです。いろいろな答えがあることを知ってこそ、人は真に賢くなれるのです。

いろいろな可能性があると考えられれば、幸せに生きられる可能性も高くなります。もっともらしい答えに惑わされず、「そうとも限らない」「違う答えはないのか」と問う習慣を身に付けましょう。たくさんの正解を見つけ、たくさんの選択肢を持てば人生が幸せになります。

⑥「なるようにしかならない」と考えよう

「コレステロール値が高いから長生きするのは難しそう」
「血糖値が高いから、いずれ重大な病気になるかもしれない」
「血圧が高いから、脳梗塞になったらどうしよう」

こういった不安を抱える70代は多いことでしょう。でも、本書ですでにお伝えしたように、それらの不安には、実は根拠がありません。

そもそも、日本では大規模な比較調査を行っていません。動物実験の結果や欧米のデータを持ち出して、それらしいエセ科学を吹聴しているだけなのです。

日本と欧米では、食生活も体格も違いますし、同じ日本人でも個人差はあります。それなのに、根拠のない話が根拠があるかのように語られ、正しい情報となってしまうのは非常に由々しき問題です。

一般の人は医者が言うことを鵜呑みにしがちですが、本当は正しいか正しくないか結論が出ていないのだと知っておく必要があります。

◎誰も未来のことなどわからない

きちんと調べてみないとわからないことを真に受けて、一人で不安になるのはやめましょう。

仮に統計学的に根拠がある話でも、自分に当てはまるとは限りません。

例えば、ほめて育てたほうが成績が上がる子どもが7割いて、叱って育てたほうが成績が上がる子が3割いたとしましょう。

理論的には「ほめて育てたほうが成績が上がりやすい」となるわけですが、自分の子が7割のほうに該当しているとは限らないわけです。

仮に叱ったほうが効果のあるタイプだったら、いくらほめても成績が下がる可能性があります。

結果は、「**やってみないとわからない**」のです。

おわりに――「かくあるべし思考」を捨ててラクに生きよう

本書を最後までお読みになられてどのように感じられたでしょうか？

言いたいことはわかるが、そんなに簡単にできないと思われた方も多いと思います。心の病、特にうつ病の治療法で最近人気のあるものに、認知療法というものがあります。

さまざまな決めつけがある人に別の可能性があることを提示して、ほかにもいろいろな考え方があるのだと気づいてもらう治療法です。

この認知療法の中で、最もまずい思考法と考えられているものの中に「かくあるべし思考」というものがあります。

この本は、高齢者を数多く診てきた私の長年の経験から想定する、高齢の方がこれまでの人生の中で身につけてきたいろいろな「かくあるべし」を捨てて、もっとラクに生きてほしい、という思いから書いた本です。

確かにそうだと思えるものもあれば、そうはいかないと思うものもあるでしょう。こういう本を読んで、その通りにやらないといけないとか、全部やらないといけないと思うのも、やはり「かくあるべし」なのです。

そうではなく、もっと気楽に、一つでもできそうなことがあれば、「これはできそうだからやってみよう」と思っていただきたいし、そう思った際に失敗をおそれずに実行に移していただきたいのです。

そうして、確かにやってみたらラクになったとか、やってみたら元気になったと思えれば、それでよしというわけです。できれば、そこで終わらず、じゃあ、次のことも試してみようと思ったらしめたものです。

以前よりラクな人生がこれから待っていると私は信じています。

やってみたけれど思ったより効果がないとか、前のほうがよかったと思うのであれば、これは実験が失敗だった、自分には合わなかったということです。言い訳がましいかもしれませんが、その際は私を責めるより、じゃあ、ほかに書いてあることを試してみようと思っていただけるほうが、柔軟に生きられると思います。

80も試すことが書いてあるのですから、一つくらいは「当たり」があると信じています。

今のままでいいと思うのであれば、それでもいいのですが、少しでもラクに幸せになりたいなら、この方法を試してみる、やってみる、つまり実験するという姿勢を大切にしていただければうれしい、というのが私の真意です。

末筆になりますが、本書の編集の労をとっていただいた大和書房の藤沢陽子さんと渡辺稔大さんにはこの場を借りて深謝いたします。

和田秀樹

和田秀樹　わだ・ひでき

1960年大阪府生まれ。東京大学医学部卒。東京大学医学附属病院精神神経科助手、米国カール・メニンガー精神医学学校国際フェローを経て、現在は精神科医、ルネクリニック東京院院長、一橋大学経済学部・東京医科歯科大学非常勤講師、川崎幸病院精神科顧問、国際医療福祉大学教授、和田秀樹こころとからだのクリニック院長。

『80歳の壁』（幻冬舎）、『70歳が老化の分かれ道』（詩想社）、『六十代と七十代 心と体の整え方』（バジリコ）など著書多数。

高齢者専門の精神科医として、30年以上にわたって高齢者医療の現場に携わっている。

編集協力　渡辺稔大

75歳《さい》からやめて幸《しあわ》せになること
一気《いっき》に老《ふ》ける人《ひと》、日《ひ》ごとに若々《わかわか》しくなる人《ひと》の差《さ》

2023年1月31日　第一刷発行

著者　和《わ》田《だ》秀《ひで》樹《き》
発行者　佐藤靖
発行所　大和《だいわ》書房
東京都文京区関口1−33−4
電話03（3203）4511

ブックデザイン　荻原佐織（PASSAGE）
編集　藤沢陽子（大和書房）

本文印刷　信毎書籍印刷
カバー印刷　歩プロセス
製本　小泉製本

ISBN 978-4-479-79774-6

http://www.daiwashobo.co.jp